••• Títulos relacionados

COML0210 GESTIÓN Y CONTROL DEL APROVISIONAMIENTO

[OTROS TÍTULOS DISPONIBLES]

Solicítalos en:
- Librería
- www.paraninfo.es
- Solicitudes nacionales +34 914 463 350
- Solicitudes fuera de España +34 913 308 907, +34 913 308 919

Gestión de inventarios
UF0476

Pedro Pablo Meana Coalla

© 2024 Ediciones Paraninfo, S. A.
© 2024 Pedro Pablo Meana Coalla

Diseño y maquetación: Ediciones Nobel, S. A.
Impresión: Liberdigital (Casarrubuelos, Madrid)

ISBN: 978-84-283-6357-0
Depósito legal: M-11338-2024

Impreso en España

Autor

Pedro Pablo Meana Coalla es técnico superior en Instalaciones y Líneas Eléctricas y técnico superior en Mantenimiento de Máquinas y Sistemas Automáticos. Desde hace años ejerce su labor docente como formador de certificados profesionales, en la familia de Comercio y *Marketing*.

Índice

Introducción normativa

La Ley Orgánica 3/2022, de 31 de marzo, de ordenación e integración de la Formación Profesional, contiene una disposición derogatoria única que afecta a la regulación de los certificados de profesionalidad, ahora denominados **Certificados Profesionales**. La referida normativa deroga la Ley Orgánica 5/2002, de 19 de junio, de las Cualificaciones y de la Formación Profesional, y abre un escenario de cambios que se irán implementando progresivamente.

La Ley Orgánica 3/2022, de 31 de marzo, de ordenación e integración de la Formación Profesional implica que toda la formación es acumulable. La oferta formativa se estructura de forma escalonada, siendo los Certificados Profesionales un nivel intermedio (Grado C) de una escala que va desde el Grado A hasta el E.

En los artículos 35 a 38 de la Ley 3/2022 se describe en qué consisten estos Certificados Profesionales: su oferta, formación asociada, estructura, duración, acceso, titulación y validez. Posteriormente, esta normativa se completa con lo dispuesto en el Real Decreto 659/2023, de 18 de julio, que desarrolla la ordenación del sistema de Formación Profesional. Concretamente en los artículos 67 a 81 es donde se hace referencia a la oferta formativa de Grado C, correspondiente a los Certificados Profesionales.

Están agrupados en 26 familias profesionales con características comunes del sector. En la actualidad hay más de medio millar de Certificados Profesionales incluidos en el Repertorio Nacional. Esta cifra no deja de crecer. Además, cada certificado está específicamente regulado por un real decreto.

Un Certificado Profesional corresponde al Grado C de la oferta del Sistema de Formación Profesional. Es un documento oficial, con validez en todo el territorio nacional y debe constar en el Catálogo Nacional de Ofertas de Formación Profesional, que certifica la capacitación para el desarrollo de una actividad profesional.

Debe detallar los módulos profesionales superados y los estándares de competencia profesional asociados a él e incluidos en el **Catálogo Nacional de Estándares de Competencias Profesionales**, así como su correspondencia con el Marco Español de Cualificaciones.

Despliegan su validez en un doble ámbito, laboral y académico:

- En el contexto laboral tienen validez profesional, porque acreditan las competencias en una determinada profesión. Para poder trabajar en algunas profesiones, se exigen determinadas cualificaciones, y los certificados sirven para acreditarlas.

- Asimismo, tienen validez académica, puesto que permiten continuar un itinerario formativo siempre que se cumplan los requisitos de acceso para cursar la titulación deseada. De tal modo que, los Certificados Profesionales que sean parte de un Grado D permitirán la matrícula modular para completar los módulos establecidos en el currículo y obtener el correspondiente título de técnico básico, técnico o técnico superior con validez en todo el territorio nacional.

Para obtener un Certificado Profesional (Grado C) es preciso cumplir con los requisitos de acceso para realizar la formación.

Estructura de los Certificados Profesionales

I. Identificación: denominación, familia y área profesional a la que pertenecen; nivel de cualificación profesional (1, 2 o 3); cualificación profesional de referencia; entorno profesional y módulos formativos que esté previsto cursar junto con la duración de cada uno de ellos.

II. Perfil profesional: incluye las competencias profesionales requeridas en el mercado laboral. En todas ellas se concretan las realizaciones profesionales y los criterios de realización.

III. Formación: describe los módulos formativos que esté previsto cursar para adquirir las competencias requeridas. En cada uno de ellos se indican las capacidades que se pretende alcanzar y la duración del módulo de prácticas no laborales —PNL—, para el que cabe solicitar exención si se cumplen determinados requisitos.

IV. Prescripciones de las personas formadoras.

V. Requisitos mínimos de espacios, instalaciones y equipamiento.

Los Certificados Profesionales se identifican con una denominación concreta y un código alfanumérico propio, y sirven para acreditar una determinada cualificación profesional. Cada certificado está asociado a una relación de unidades de competencia que, a su vez, se vinculan con una serie de módulos formativos específicos. Algunos módulos están integrados por unidades formativas y tanto unos como otras son, en ocasiones, transversales, lo que significa que se trata de contenidos incluidos en más de un Certificado Profesional.

Los Certificados Profesionales se articulan en tres niveles de competencia profesional (1, 2 y 3) conforme a lo dispuesto en el que será el Catálogo Nacional de Estándares de Competencias Profesionales, anteriormente Catálogo Nacional de Cualificaciones Profesionales (CNCP), según los criterios establecidos de conocimientos, iniciativa, autonomía y complejidad de las tareas, en cada una de las ofertas de Formación Profesional.

La oferta formativa dirigida a la obtención de los Certificados Profesionales tiene carácter modular para favorecer la acreditación parcial acumulable de la formación recibida y posibilitar así el avance en el itinerario de Formación Profesional para cualquiera que sea la situación laboral de cada persona en cada momento.

En definitiva, el Grado C constituye la oferta, parcial y acumulable, del sistema de Formación Profesional, de varios módulos profesionales del catálogo modular de Formación Profesional por razón de su significado en el mercado laboral y conducente a la obtención de un Certificado Profesional.

Las ofertas de Grado C de Formación Profesional tendrán por objeto módulos profesionales incluidos previamente en el catálogo modular de formación profesional y asociados al Catálogo Nacional de Estándares de Competencias Profesionales.

Finalidad de los Certificados Profesionales

- Contribuir a la ordenación de un Sistema de Formación Profesional al servicio de un régimen de formación y acompañamiento profesionales que sea capaz de responder con flexibilidad a los intereses, expectativas y aspiraciones de cualificación profesional de las personas a lo largo de su vida.

- Combinar escuela y empresa situando a la persona en el centro del sistema.

- Facilitar el aprendizaje permanente de toda la ciudadanía mediante una formación abierta, flexible y accesible, estructurada de forma modular, a través de la oferta formativa asociada al certificado.

- Acreditar las cualificaciones profesionales o las unidades de competencia recogidas en estas, independientemente de su vía de adquisición, bien sea través de la vía formativa, o mediante la experiencia laboral o vías no formales de formación.

- Favorecer, tanto a nivel nacional como europeo, la transparencia del mercado de trabajo.

- Contribuir a la calidad de la oferta de Formación Profesional.

Este libro

El presente libro desarrolla la Unidad Formativa denominada *Gestión de inventarios* UF0476.

Dicha unidad formativa está asociada a la Unidad de Competencia UC1003_3, forma parte del Módulo formativo MF1003_3 Planificación del aprovisionamiento, perteneciente a la Cualificación Profesional de referencia COM315_3, de nivel 3, incluida en el Certificado Profesional denominado *Gestión y control del aprovisionamiento,* dentro de la familia Comercio y Marketing.

Según el Real Decreto 1522/2011, de 31 de octubre, los contenidos que en esta obra se recogen se corresponden con una duración de 40 horas.

Tanto la estructura como el desarrollo del libro se ajustan al citado Real Decreto y más concretamente a los contenidos de la Unidad Formativa que le da título *Gestión de inventarios* UF0476.

Contenidos

1. **Elaboración y gestión de inventarios.**
   - Objetivo e importancia de la gestión de inventarios.
   - Diferenciación de conceptos:
     — Inventario.
     — *Stock.*
     — Existencias.
   - Concepto y fundamento de los inventarios físicos.
   - Variables que afectan a la gestión del inventario.
   - Tamaño, estructura y representación del inventario.
   - Análisis del conflicto básico entre disponibilidad e inventario.
   - Importancia de la ubicación geográfica con respecto a los centros de distribución.
   - Modelos de gestión de inventarios.
   - Tipos de inventarios:
     — Materias primas y componentes.
     — Piezas de repuesto de los equipos y de suministros industriales.
     — Productos terminados.
     — Otros.

- Elaboración de inventarios: control y recuento de *stocks*.
- Criterios de elaboración de inventarios:
  - Temporal.
  - Cíclico o rotativo.
  - Por familias.
  - Por estanterías.
  - Otros.
- Clasificación de los productos:
  - Por naturaleza.
  - ABC de demanda.
  - ABC unidades físicas y demanda.
- Planificación del *stock* para demanda uniforme y no uniforme:
  - Simulación dinámica de estrategias de reaprovisionamiento.
- Aplicaciones informáticas de base de datos y hojas de cálculo aplicados a la gestión de inventarios.

2. **Valoración y cálculo de inventarios.**
- Valoración de inventarios:
  - Sistemas FIFO, LIFO, PMP.
- Estimación de costes asociados al inventario:
  - Costes de almacenamiento.
  - Costes de lanzamiento de pedido.
  - Costes de adquisición.
  - Costes de ruptura de *stock*.
- Indicadores de medida de inventarios:
  - Existencias.
  - Movimientos.
  - Ratio o tasa de rotación.
  - Cobertura.
  - Grado de utilización o de ocupación de los recursos.
- Análisis de desviaciones en los inventarios:
  - Inventario informático e inventario real.
  - Medidas preventivas y correctoras.
  - Sistemas informáticos de control de inventarios.

3. **Control y gestión de *stocks*.**
- Objetivos y funciones de la gestión de *stock*.
- Variaciones de la demanda y nivel de *stock:*
  — *Stock* operativo y *stock* de seguridad.
- Método de gestión de *stock* programado.
- Método de gestión de *stock* no programado:
  — Método del punto de pedido (o de revisión continua).
  — Método de aprovisionamiento periódico (o de revisión periódica).
- Métodos de determinación de pedidos: modelo de pedido óptimo o modelo de Wilson.
- Lote económico de fabricación y/o pedido:
  — Cálculo del lote o cantidad económica del pedido (LEP).
- Parámetros de gestión de *stock*:
  — *Stock* mínimo.
  — *Stock* medio.
  — *Stock* máximo.
  — *Stock* de seguridad.
  — *Stock* óptimo.
  — *Stock* de consignación.
  — Otros parámetros.
- Rotación del *stock*.
- Cálculo de parámetros de *stock*.

4. **Seguimiento y control de indicadores de gestión de *stock*.**
- Efectividad de la gestión del almacén.
- Simulación Montecarlo, riesgo e incertidumbre.
- Indicadores de gestión de *stock*:
  — Índices de rotación.
  — Índices de cobertura.
  — Índices de obsolescencia.
  — Índices de ruptura.
  — Otros índices.

- Interpretación y cálculo de indicadores de gestión de índice de rotación y su repercusión en el tamaño del almacén y el costo logístico de almacenaje
- Optimización de puntos de almacenamiento.
- Ciclo de vida de las existencias:
  - Obsolescencia.
  - Pérdidas.
  - Logística inversa.

■ Nota del Editor

En Ediciones Paraninfo estamos comprometidos con la calidad de la formación e intentamos que nuestros materiales respondan fielmente y con rigor a las necesidades de todos cuantos confían en nuestro sello editorial.

Tratamos de dar respuesta a los currículos de las unidades formativas y de los módulos que integran los distintos Certificados Profesionales, equilibrando la parte teórica con la práctica para que los procesos de aprendizaje se conviertan en experiencias gratificantes, tanto para docentes como para las personas inmersas en los procesos formativos.

Nuestros objetivos son contribuir de forma decisiva a afianzar aprendizajes, ayudar a adquirir destrezas que tengan significado para el empleo y conseguir potenciar el desarrollo personal.

Para lograrlo contamos con excelentes autores, expertos en las materias que abordan, en la mayoría de los casos docentes de dichas especialidades con dilatada experiencia tanto profesional como académica, porque buscamos perfiles familiarizados con los contextos laborales concretos a los que se refieren nuestros manuales.

Confiamos en poder serte de ayuda y esperamos tus impresiones acerca de nuestro trabajo. Sean positivas o negativas, serán muy bien recibidas y, sin duda, nos ayudarán a seguir mejorando y trabajando con ilusión para continuar siendo un referente en formación para el empleo.

Agradecemos tu confianza en nuestros manuales. Todo nuestro equipo queda a tu total disposición. Puedes contactar con nosotros en esta dirección de correo electrónico:

info@paraninfo.es

1. Elaboración y gestión de inventarios

Contenido

Introducción

Durante este capítulo iremos conociendo y aplicando métodos de gestión de inventarios para la determinación de los requerimientos de mercancías en los sistemas de producción/aprovisionamiento.

Describiremos las diferencias en los procedimientos de gestión y controles derivados de las características de los distintos tipos de existencias, y veremos qué modelos de gestión de inventarios disponemos para su control, así como los tipos de inventarios que podemos realizar para tener una gestión contable adecuada de nuestras existencias.

Además, analizaremos las variables que tenemos que considerar para tener una optimización de la gestión de los *stocks* del almacén y la utilización y clasificación de nuestras existencias mediante el método ABC, a fin de tener una gestión de la rotación y de conocer exactamente los productos con un costo más relevante para nuestra contabilidad.

1.1. Objetivo e importancia de la gestión de inventarios

El objetivo del inventario es confirmar o verificar el tipo de existencias de que disponemos en la empresa mediante un recuento físico de los materiales existentes.

Es necesario realizar inventarios para confrontar los datos anotados en nuestra base de datos con las existencias reales disponibles en el almacén.

La importancia de hacer un inventario en condiciones reside en que nos va a proporcionar una serie de factores de valoración pormenorizada de las mercancías de las que disponemos al día.

Tener inventariado nuestro almacén es importante por las siguientes funciones:

* Tendremos localizadas nuestras existencias en todo momento.

* Nos permitirá conocer la aproximación del valor total de las existencias. Podremos saber qué beneficio o pérdidas en el cierre contable del año tiene nuestra empresa.

* Nos ayudará a saber qué tipos de productos tienen más rotación.

* Podremos tomar decisiones sobre cómo organizar la distribución del almacén, según las estadísticas de nuestros inventarios.

* Tendremos siempre información sobre el *stock* del que disponemos en nuestro almacén.

1.2. Diferenciación de conceptos

• Inventario

El inventario, como anteriormente hemos visto, es la verificación y control de los materiales o bienes patrimoniales de la empresa, que realizamos para regularizar la cuenta de existencias contables con las que contamos en nuestros registros para calcular si hemos tenido pérdidas o beneficios.

• *Stock*

Es una acumulación de material y/o de producto final almacenado para su posterior venta al cliente. La gestión del *stock* debe ser óptima para que el aprovisionamiento sea efectivo; las inversiones en *stocks* inmovilizan unos recursos económicos durante un cierto tiempo, por lo que en todo momento tenemos que tener en cuenta que la rotación de dichos productos debe ser efectiva.

Figura 1.1. *Stock* en un almacén.

• Existencias

Las existencias son aquellos productos que la empresa tiene en sus instalaciones para ser vendidas al cliente final o aquellos productos que se van a necesitar en algún momento en su proceso productivo (por ejemplo: cajas de cartón, etiquetas, film para retractilar, etc.).

Figura 1.2. Existencias, film plástico para retractilar palés.

1.3. Concepto y fundamento de los inventarios físicos

El inventario físico se realiza periódicamente sobre la mercancía y los bienes materiales para conocer las existencias físicas contables de que disponemos.

El fundamento del inventario físico reside sobre todo en que, una vez realizado, debe ser cotejado con las existencias contables que tenemos en nuestras bases de datos.

El inventario físico nos da la correcta evaluación de nuestro aprovisionamiento a niveles de existencia de material y la aproximación del consumo real.

Una vez realizado se debe controlar que los productos que figuran en él coinciden con el *stock* de nuestro el almacén.

LA DEMANDA

LOS COSTES

LOS PLAZOS DE ENTREGA

1.4. Variables que afectan a la gestión del inventario

La demanda: es una de las variables a tener en cuenta en todo inventario, ya que podemos encontrarnos artículos con mucha demanda con otros con poca demanda; además, en un ciclo de tiempo, un mismo artículo puede pasar de estar muy demandado a tener poca demanda.

Los costes: debemos tener en cuenta en todo momento los costes de aprovisionamiento del material desde su compra hasta su expedición para el cliente; es necesario examinar los tipos de costes que podemos tener en nuestra empresa para la elaboración de un sistema de inventarios.

Los plazos de entrega: en el momento que realizamos la orden para que nos suministren un pedido debemos saber cuánto tiempo va a transcurrir hasta que dicho pedido esté en nuestro almacén, optimizando en todo momento nuestro sistema de aprovisionamiento para la gestión de los inventarios.

1.5. Tamaño, estructura y representación del inventario

En la gestión del *stock* de nuestro inventario deberemos saber que, si tenemos demasiados productos, tendremos unos costes de capital inmovilizado en mercancías demasiado costosos, costes de espacio de almacenamiento altos, más gastos en personal para la manipulación de los productos, etc.

Si, por el contrario, disponemos de un inventario de *stocks* insuficiente, corremos el riesgo de una **ruptura de *stock*,** con lo cual nos quedaríamos sin suministros para la venta.

Es importante tener un inventario equilibrado para que no haya inconvenientes en caso de alargarse los plazos de entrega de los pedidos por parte de nuestros proveedores, y procurar que nuestros lineales dispongan de la cantidad suficiente de productos en caso de que se produzca una fuerte demanda de alguno de nuestros productos para evitar la antes mencionada ruptura de *stock*. Debemos disponer de un *stock* de seguridad de nuestros productos para no quedar sin existencias.

Dicho *stock* de seguridad vendrá dado por:

- **La demanda:** los ciclos de demanda que podamos tener en nuestro almacén van afectar al *stock* de seguridad, en relación a la cantidad de unidades de *stock* de seguridad que serán necesarias.

- **El proveedor:** cuanto mayor sea el periodo de entrega del pedido, mayor deberá ser el *stock* de seguridad; por el contrario, disminuirá cuando la entrega del pedido sea menor.

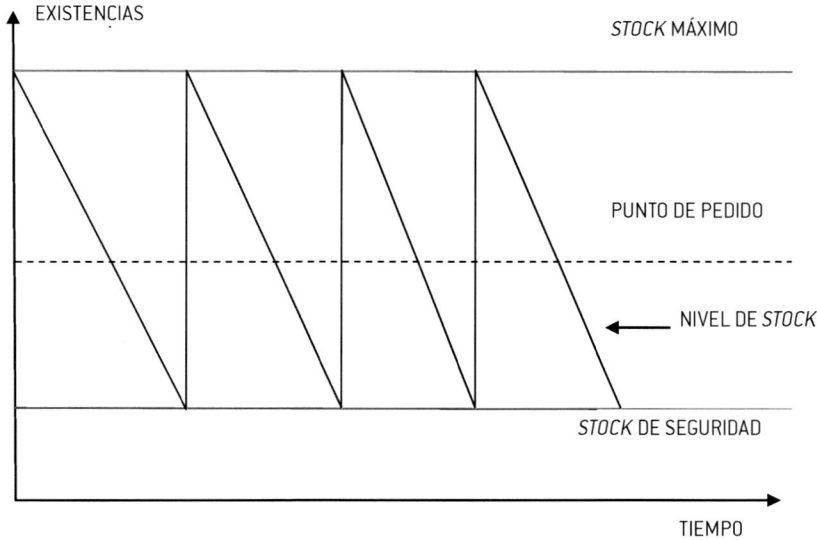

Figura 1.3. Gráfico de inventario de *stock*.

1.6. Análisis del conflicto básico entre disponibilidad e inventario

En el momento en que se finaliza el inventario de nuestro almacén, es de vital importancia que todos los datos sean correctos y que todos los productos que estén archivados en el programa de gestión de datos estén correlativamente numerados con los productos que se hayan inventariado en el almacén/instalaciones.

Tener un inventario al día, y que todo el proceso esté informatizado, nos facilitará conocer la disponibilidad de nuestros productos, tanto para la realización de los pedidos a nuestros proveedores como para la expedición de los productos a nuestros clientes.

Un mal inventariado, por el contrario, originará una serie de errores en nuestra cadena de suministro y abastecimiento, de tal manera que no sabremos qué artículos tenemos disponibles. Hay una serie de variables que nos ayudarán a que nuestro inventario sea correcto:

- Disponer de documentación y de una base de gestión de datos.
- Conocer los productos que almacenamos.
- No cometer errores en el conteo de la mercancía.
- Tener las referencias correctas de los productos.
- No confundirse en la realización de los pedidos.
- Conocer las pérdidas.
- Que el personal esté bien organizado.
- Tener el almacén distribuido en zonas.
- Tener la mercancía bien colocada en sus estanterías correspondientes.

SABÍAS QUE...

El *stock* no es siempre el mismo, sino que va variando en función de las ventas y las compras. Como *stock* inicial se considera aquel existente en un determinado momento, el cual incluye el *stock* de ciclo y el *stock* de seguridad previamente establecido.

1.7. Importancia de la ubicación geográfica con respecto a los centros de distribución

A la hora de escoger una ubicación geográfica para los centros de distribución se deben tener en cuenta una serie de factores que ayuden a minimizar los costos fijos de tal inversión.

Es importante saber qué tipo de almacenamiento tendremos: si principalmente se trata de productos terminados para la venta, nuestras instalaciones deberán estar lo más cerca posible del canal de ventas del cliente; si por lo contrario tenemos unas instalaciones con productos intermedios y productos de manufactura, nuestras instalaciones estarán cerca de los centros de producción.

En relación con el transporte, nuestras instalaciones deberán tener unos medios de accesibilidad y una optimización de la cadena logística adecuada para su distribución.

Otras variables importantes son:

- La demanda.
- Competencia.
- Costes de transporte.
- Buenas comunicaciones.
- Número de instalaciones.

1.8. Modelos de gestión de inventarios

En la gestión de inventarios se utilizan sobre todo dos tipos de modelos:

Modelo determinista: en este tipo de modelo la demanda es constante y conocida en el tiempo, ya que sabemos en todo momento qué tipo de demanda nos exigen nuestros clientes.

Este modelo, a la hora de lanzar una orden de pedido, es muy fiable y rápido, porque tenemos constancia de la disponibilidad de dichas existencias por medio de su demanda; la única variable a saber es la relativa a la cantidad de pedido, para lo cual se utiliza el *lote económico de pedido.*

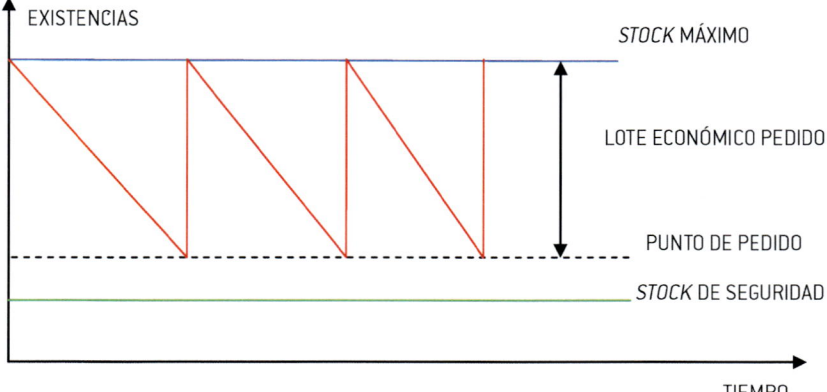

Figura 1.4. Representación gráfica del lote económico de pedido.

Lote económico de pedido: cuando el inventario de los productos se está terminando, en el momento en que dichos productos llegan al *umbral del punto de pedido,* el sistema nos lanza automáticamente un pedido. Esa cantidad de unidades que piden es el *lote económico de pedido.*

Modelo probabilístico: cuando la demanda no es conocida y, por lo tanto, necesitamos un *stock* de seguridad, se lanza la orden de pedido hasta que nuestras existencias sean consumidas.

RECUERDA...

El inventario permite verificar las diferencias entre los registros de existencias y las existencias físicas, así como las diferencias entre las existencias físicas contables en valores monetarios. Para el tema de efectos de balances, se suele realizar próximo al cierre del ejercicio fiscal a final de año.

1.9. Tipos de inventarios

- **Materias primas y componentes**

    Comprende todas las materias primas y componentes que se utilizan para la fabricación y producción de productos terminados, pero que todavía no han sido procesados.

- **Piezas de repuesto de los equipos y de suministros industriales**

    Este tipo de inventarios incluye:

    Materias primas secundarias: aquellas que utilizamos en la elaboración de los productos.

    Artículos de consumo: son aquellos productos que utilizamos en nuestras instalaciones, como combustible para la maquinaria, productos de limpieza, etc.

- **Productos terminados**

    Son todos los productos terminados que el departamento de producción nos envía para su almacenamiento, y constituyen todos los artículos que están a la venta.

    Este tipo de inventario estará condicionado por la demanda que nuestros productos tengan en el mercado.

- Otros

Inventario de productos en proceso:

Consiste en gestionar los productos que están en un proceso intermedio de fabricación; se trata de artículos que tenemos que ensamblar durante este ciclo y que son inventariados durante este proceso.

Inventario de previsión:

Consiste en la realización de un inventario de aquellos productos que vienen a cubrir una necesidad futura perfectamente definida.

Inventario de seguridad:

Lo realizamos para prevenir cualquier tipo de necesidad que pudiéramos tener en el almacén de materias primas.

ACTIVIDADES PRÁCTICAS:

1. ¿Qué es un inventario?_____

2. ¿Qué es la demanda?_____

3. El inventario físico se realiza_____sobre la mercancía y los bienes materiales que disponga la empresa para conocer _____de que existencias físicas contables disponemos.

4. ¿Qué es el modelo determinista?_____

5. El inventario de productos terminados consiste en los productos que el departamento de_____ nos envía para su almacenamiento y constituyen todos los artículos que están para su_____.

SABÍAS QUE...

Hay un tipo de almacenes que se llaman *cross-docking* cuyo término en castellano significa 'centro de tránsito', en el cual la mercancía recibida no es almacenada, sino que en un periodo de 24 y 48 horas es enviada de nuevo, por lo que en este sistema de almacenaje no tenemos *stock*.

1.10. Elaboración de inventarios: control y recuento de *stocks*

El control y recuento de *stocks* en una empresa es una actividad fundamental dentro del control de los inventarios; generalmente se realiza para ajustar los *stocks* después de haber realizado el recuento del almacén.

Disponemos de dos tipos de sistemas de control y recuento de *stocks*:

- Sistema de revisión continua:

  Actualiza el *stock* de forma inmediata tanto en las entradas como en las salidas de material del almacén. Es un sistema muy fiable, ya que en todo momento sabemos de qué cantidad de *stock* disponemos en el almacén (ventas, compras, devoluciones, roturas, etc.).

  Este sistema lo suelen emplear los grandes almacenes, que disponen de un gestor de base de datos informatizado actualizado, y pueden lanzar automáticamente los pedidos a sus proveedores cuando llega al punto de pedido establecido o al *stock* de seguridad.

- Sistema de revisión periódica:

  Tanto las entradas como las salidas de material no se registran, no conocemos al momento el *stock* de que disponemos para la realización de los pedidos, por lo que tenemos que hacer un conteo cada cierto tiempo para saber nuestro *stock* real.

  Este sistema se utiliza en empresas pequeñas que disponen de pocas referencias y unidades en sus instalaciones para comprobar el estado de las mercancías.

Figura 1.5. Contando productos para un inventario.

1.11. Criterios de elaboración de inventarios

- Temporal

  Este sistema es utilizado también en empresas pequeñas que tengan pocas referencias y unidades, ya que no tenemos al día el *stock* inventariado, y si queremos saber qué productos tenemos disponibles, el costo de esos productos, etc., lo que tenemos que realizar es el conteo del producto en el momento.

  Es un sistema de inventariado poco fiable, por lo que nos puede dar problemas de ruptura de *stock*, ventas de productos, realización de pedidos, pérdidas desconocidas, etc.

- Cíclico o rotativo

  El inventario se cuenta a intervalos regulares. Este sistema permite contar con más frecuencia los artículos de alta rotación que los de menos rotación.

  Marcamos todos los artículos en la base de datos del almacén y, mediante el método de valoración ABC, los agrupamos según su coste y rotación. De esta manera vamos a saber en qué categoría se encuentra cada artículo para definir los intervalos de tiempo de recuento.

  Con este sistema de inventario vamos a conseguir:

  — Minimizar el capital invertido.

  — Controlar todos los artículos inventariados.

  — Controlar las roturas de *stocks* por falta de mercancía.

- Por familias

  Consiste en dividir el inventario por familias, productos, secciones, etc., de tal manera que con este sistema se puede ir haciendo el inventario de las instalaciones o del almacén durante un periodo de tiempo concreto y sin tener que cerrar todas las instalaciones. Por ejemplo, en un supermercado podemos hacer el inventario en la sección de los productos de limpieza sin necesidad de cerrar otras secciones de venta al público.

- Por estanterías

  Es uno de los sistemas más utilizados durante los inventarios. Nuestros productos generalmente están colocados en estanterías para su localización, por familias, secciones, etc.

  Este sistema facilita la correcta gestión de los productos de nuestro inventario; debemos procurar que los de más rotación y demanda estén más abajo o a nivel medio de cara a su recogida por parte de los clientes.

- Otros

  — **Inventario de anticipación:** se anticipa a periodos de alta demanda de algunos productos.

  — **Inventario en tránsito:** es el inventario que realizamos de los artículos que hemos solicitado a nuestros proveedores. Se muestran los artículos que han sido pedidos y que aún no han sido recepcionados.

  — **Inventario mínimo:** la mínima cantidad de productos inventariados en el almacén.

  — **Inventario de previsión:** se realiza con el fin de cubrir posteriores necesidades de suministro de algunos productos.

RECUERDA...

Las materias primas que son adquiridas en nuestro almacén, cuando las registramos en la gestión de entradas, tendrán un valor de coste distinto al valor que puedan tener en su salida, debido al proceso de almacenamiento o de producción.

1.12. Clasificación de los productos

- Por naturaleza

  Por la naturaleza de los productos de nuestro almacén, podemos dividirlos en tres grandes grupos:

  — **Productos perecederos:** son aquellos productos que tienen un ciclo de almacenamiento corto en el almacén (fruta, pescado, etc.).

  Estos productos tienen un elevado índice de rotación en nuestras instalaciones, por lo que en todo momento deben estar gestionados en nuestras bases de datos, tanto en las entradas como en las salidas.

  — **Productos no perecederos:** son aquellos productos que almacenamos en las instalaciones para su posterior venta, y que tienen un ciclo de almacenamiento más largo que los perecederos. Tienen un índice de rotación menos variable y su valor contable suele ser más elevado.

  — **Artículos con fecha de caducidad marcada:** este tipo de productos son a los que más seguimiento tenemos que dar, ya que son los que más costes nos pueden originar en el almacén (devoluciones).

- **ABC Demanda**

  La demanda es la variable más importante que tenemos que tener en cuenta en el comportamiento de la rotación de nuestros productos en el organigrama del almacén.

  Existen distintos tipos de demanda, que nos indican qué grado de rotación tienen nuestros productos a nivel de mercado.

  — **Demanda independiente:** solo le afectan los ciclos de mercado.

  — **Demanda dependiente:** es aquella a la que sí le afecta la demanda de otro producto; por ejemplo, si fabrico ladrillos me afectará la baja demanda de nuevos pisos.

  — **Demanda aleatoria:** es la que depende de varios factores.

  — **Demanda estable:** tiene un ciclo que puede variar poco, y no tiene subidas y bajadas irregulares.

  — **Demanda estacional:** es un tipo de demanda que el mercado marca estacionalmente, durante un periodo de tiempo.

  — **Demanda de movimiento rápido o lento:** este tipo de demanda es difícil de pronosticar, ya que la marcan las modas y las tendencias.

SABÍAS QUE...

La demanda está condicionada por una serie de variables o factores como pueden ser el aumento o la bajada de los precios o la gestión del *marketing* comercial que realicemos de los productos respecto al público.

- **ABC Unidades físicas y demanda**

  Tenemos que tener en cuenta que para las empresas, si tienen un número elevado de artículos de distintas características, la realización de un inventario sería muy costosa, por lo que se recurre a realizar un inventario de aquellos productos que tengan más rotación y unos costes de venta más beneficiosos para la empresa, y que representan el capital inmovilizado de almacenamiento más costoso en nuestras instalaciones. Para decidir el grado de rotación y de importancia de las existencias que tenemos en el almacén, se recurre al método ABC, con el cual decidimos el nivel de atención que se debe prestar a los diferentes productos.

Este método establece que el 20 % de los artículos generan el 80 % del valor del inventario, mientras que el 80 % restante de los artículos generan el 20 % del valor restante del inventario.

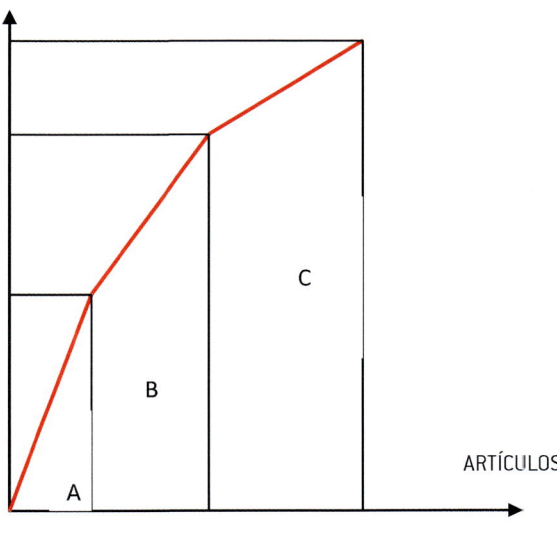

Figura 1.6.

Como podemos observar en la Figura 1.6, a la hora de valorar el inventario que tenemos en el almacén, se distinguen tres clases de productos.

- **Productos A:** son las existencias más importantes y están representados en la zona A de la curva. Son los artículos de alta importancia, que representan una gran parte del valor total del inventario o tienen una alta rotación. Estos productos requieren una atención especial en términos de control de inventario y gestión, ya que suelen ser los más beneficiosos para la empresa.

  Les dedicaremos mucha atención y procuraremos que la gestión de su *stock* sea óptima, debido a la importancia que tienen en nuestro inventario, ya que pueden llegar a representar el 80 % de las ventas.

- **Productos B:** son productos que tienen una importancia intermedia y que también deben tener un seguimiento importante. Estos productos requieren una gestión y seguimiento adecuados, pero no con la misma prioridad que los de la categoría A, ya que pueden suponer un 15 % de las ventas.

- **Productos C:** son los artículos de baja importancia, que representan una parte menor del valor total del inventario o tienen una rotación baja. Estos productos generalmente requieren menos atención en términos de gestión y control de inventario; suelen suponer el 5 % de las ventas.

Ejemplo práctico método ABC:

Tenemos una serie de artículos y queremos calcular el nivel de rotación de cada producto en nuestro almacén. Para ello utilizaremos una plantilla de Excel.

PRODUCTO	CANTIDAD	VALOR UNITARIO	VALOR TOTAL	PORCENTAJE
ARTÍCULO 1	500,0	25,00	12 500	7 %
ARTÍCULO 2	1000,0	20,00	20 000	11 %
ARTÍCULO 3	2000,0	30,00	60 000	33 %
ARTÍCULO 4	300,0	45,00	13 500	7 %
ARTÍCULO 5	200,0	40,00	8000	4 %
ARTÍCULO 6	400,0	65,00	26 000	14 %
ARTÍCULO 7	400,0	75,00	30 000	16 %
ARTÍCULO 8	100,0	40,00	4000	2 %
ARTÍCULO 9	150,0	35,00	5250	3 %
ARTÍCULO 10	250,0	20,00	5000	3 %

Tabla 1.

Según los datos de la **Tabla 1** podemos establecer la **Tabla 2** con los productos correspondientes en sus respectivas zonas:

PRODUCTO	VALOR TOTAL	PORCENTAJE	PORCENTAJE ACUMULADO	CLASIFICACIÓN
ARTÍCULO 3	60 000,0	33 %	33 %	A
ARTÍCULO 7	30 000,0	16 %	49 %	A
ARTÍCULO 6	26 000,0	14 %	63 %	A
ARTÍCULO 2	20 000,0	11 %	74 %	A
ARTÍCULO 4	13 500,0	7 %	81 %	A
ARTÍCULO 1	12 500,0	7 %	88 %	B
ARTÍCULO 5	8000,0	4 %	92 %	B
ARTÍCULO 9	5250,0	3 %	95 %	B
ARTÍCULO 10	5000,0	3 %	98 %	C
ARTÍCULO 8	4000,0	2 %	100 %	C

Tabla 2.

Según este criterio, en la zona A estarán los productos con un control más completo, ya que suponen el 81 % del valor de nuestras existencias; en la zona B tendríamos aquellos productos que regularmente tienen menos salida, mientras que en la zona C tendríamos aquellos productos que tienen una rentabilidad más baja.

1.13. Planificación del *stock* para demanda uniforme y no uniforme

La demanda uniforme es la que es constante en el tiempo y no sufre unas variaciones demasiado fuertes, por lo que en la gestión de los suministros del almacén no tendremos que preocuparnos por una ruptura de *stock*.

La demanda no uniforme es variable en el tiempo y es un tipo de demanda que va acorde con el tipo de promociones, ofertas, etc., que se realicen durante un tiempo determinado. Es más complicada de gestionar en el almacén, de cara a no quedarnos sin suministros para la venta al cliente.

- **Simulación dinámica de estrategias de reaprovisionamiento**

    El término *reaprovisionamiento* tiene que ver con los gastos repetitivos que vamos a tener cada vez que realizamos o lanzamos un pedido, como pueden ser el teléfono, transporte, embalaje, etc.

    Tenemos que tener en cuenta esta cantidad de costes cada vez que vamos a realizar un pedido, por lo que es importante que los inventarios de las existencias estén al día para saber cuándo tenemos que lanzar una orden de pedido correcta y no pedir mercancía que ya tenemos en el almacén, lo que nos podría llevar a tener más productos de una referencia y una ruptura de *stocks* en otras, ocasionando un doble coste de reaprovisionamiento en nuestros productos.

RECUERDA...

Un *stock* excesivo resulta caro de mantener: ocasiona costes de espacio, almacenamiento y manipulación de los productos, incluso precisaremos de más personal en el almacén, disminuyendo así la competitividad de nuestra empresa. Por el contrario, si tenemos un *stock* insuficiente tendremos roturas de *stock*, pérdidas de clientes, malas referencias de nuestra política de empresa, etc.

1.14. Aplicaciones informáticas de base de datos y hojas de cálculo aplicadas a la gestión de inventarios

Actualmente existen bastantes programas de gestión de datos para calcular todo el proceso de *stocks* que podamos tener en el almacén.

También se pueden hacer bases de datos a gusto del cliente; existen ciertos programas con módulos para la gestión de almacenaje, pero vamos a citar los más importantes que actualmente tenemos para la gestión de las provisiones.

- **Microsoft Excel:** Excel es una herramienta flexible para la gestión de inventarios. Permite crear una tabla para registrar productos, cantidades, precios y movimientos con fórmulas para calcular existencias y alertas de reabastecimiento. También se pueden analizar datos con gráficos e informes. Sin embargo, para inventarios más grandes y complejos, es recomendable considerar sistemas de gestión de inventarios más avanzados.

- **Google Sheets:** similar a Microsoft Excel, Google Sheets es una herramienta de hojas de cálculo basada en la nube que también puede ser utilizada para la gestión de inventarios. Permite el trabajo colaborativo y el acceso desde diferentes dispositivos.

- **SGA (Sistema de Gestión de Almacén):** un sistema de gestión de almacén (SGA) o *Warehouse Management System* (WMS) es un *software* que se utiliza para administrar y optimizar las operaciones en un almacén o centro de distribución. Estas herramientas automatizan tareas como la gestión de inventario y el control del *stock*. Al implementar un SGA, las empresas pueden mejorar la eficiencia y precisión de las operaciones logísticas, reducir costos y mejorar la satisfacción del cliente al disponer del *stock* inventariado en todo momento actualizado. Normalmente el SGA suele ir integrado dentro de un ERP (*Enterprise Resource Planning*) que en una empresa es un sistema de gestión integral que centraliza y automatiza los procesos y datos de diferentes áreas y departamentos en un único *software*. Un ERP abarca diversas áreas como finanzas, recursos humanos, compras, ventas, inventario, producción y logística. Al consolidar todas estas funciones en una sola plataforma, mejora la comunicación y colaboración entre departamentos, y aumenta la productividad general de la empresa.

Dentro de un almacén podemos tener un sistema de gestión de almacenamiento individual (SGA) con el cual realizar todas las operaciones logísticas con dicho programa, o, como ya se comentó anteriormente, se puede tener dentro de un ERP que sería el *software* de la empresa para la gestión global de todos los departamentos. Tenemos que tener en cuenta qué funciones podemos realizar con un SGA y con un ERP.

Funciones más notables que podemos realizar con un SGA:

- Organiza el proceso de recepción y asigna una ubicación en el almacén siguiendo los parámetros logísticos.

- El SGA actualiza el inventario en continua comunicación con el ERP.

- Optimiza la ruta para colocar esa mercancía.

- Recibe la información y planifica el *picking* junto al resto de pedidos.

- Dirige al operario para recoger, preparar y etiquetar el pedido.

- Gestiona la trazabilidad del producto.

- Gestiona el *stock* y pedido de envases y embalajes.

Funciones más notables que podemos realizar con el ERP:

- Solicita un pedido de compra.

- Gestiona el contrato con el proveedor.

- El ERP registra la llegada de la mercancía al almacén asignándole un código y actualizando el inventario.

- Tramita un pedido de esa mercancía.

- Registra la salida de la mercancía del almacén. El ERP actualiza el inventario en comunicación con el SGA.

- Valida la facturación a proveedores.

Figura 1.7. Contando productos para un inventario.

MAPA CONCEPTUAL

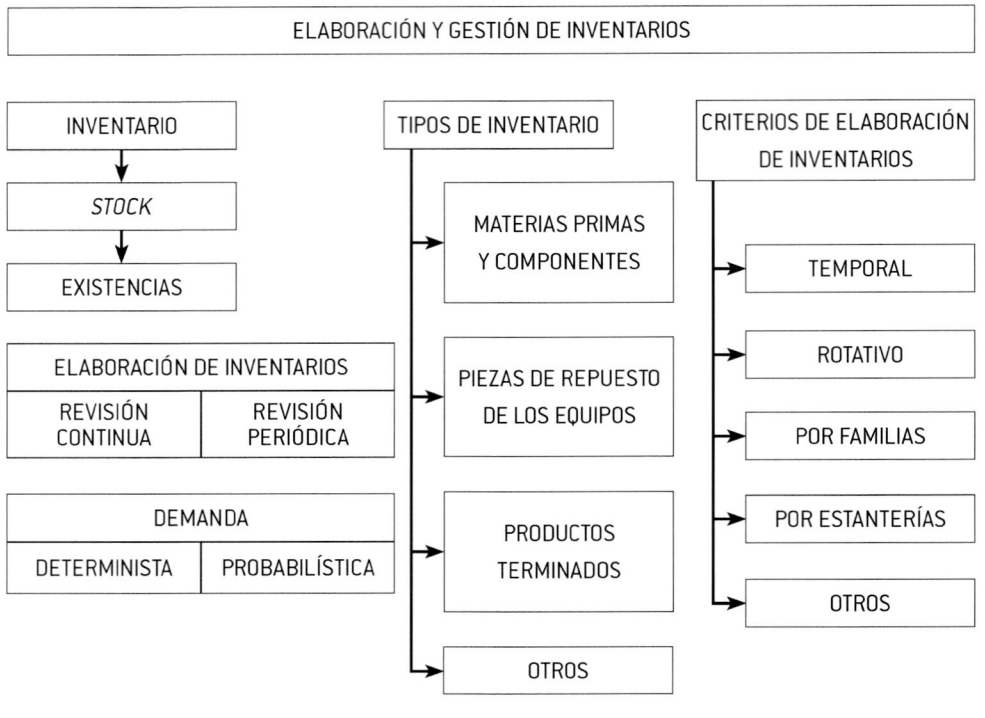

ELABORACIÓN Y GESTIÓN DE INVENTARIOS

INVENTARIO

STOCK

EXISTENCIAS

ELABORACIÓN DE INVENTARIOS	
REVISIÓN CONTINUA	REVISIÓN PERIÓDICA

DEMANDA	
DETERMINISTA	PROBABILÍSTICA

TIPOS DE INVENTARIO

MATERIAS PRIMAS Y COMPONENTES

PIEZAS DE REPUESTO DE LOS EQUIPOS

PRODUCTOS TERMINADOS

OTROS

CRITERIOS DE ELABORACIÓN DE INVENTARIOS

TEMPORAL

ROTATIVO

POR FAMILIAS

POR ESTANTERÍAS

OTROS

ABC UNIDADES FÍSICAS
Este método establece que el 20 % de los artículos generan el 80 % del valor del inventario, mientras que el 80 % restante de los artículos generan el 20 % del valor del inventario.

PRODUCTOS A 80 % DE VENTAS	PRODUCTOS B 15 % DE VENTAS	PRODUCTOS C 5 % DE VENTAS

TEST DE REPASO Y EJERCICIOS

1. Tener inventariado nuestro almacén es importante para...
   a) Tener en todo momento localizadas nuestras existencias.
   b) Para conocer los costes del *stock*.
   c) Las respuestas a) y b) son correctas.

2. ¿Qué variable afecta a la gestión de inventario del almacén?
   a) La demanda.
   b) El mantenimiento.
   c) Recursos humanos.

3. ¿De qué modelos de gestión de inventarios disponemos?
   a) Modelo dinámico.
   b) Modelo confort.
   c) Modelo determinista.

4. ¿Qué es el *cross-docking*?
   a) La preparación de pedidos.
   b) Un tipo de almacenaje donde no hay *stock*.
   c) Una base de datos para la gestión del inventario.

5. Según el método ABC los productos de la zona A, ¿qué % pueden llegar a representar de nuestras ventas?
   a) 50 %.
   b) 70 %.
   c) 80 %.

6. ¿Qué tipos de inventarios tenemos por criterios de elaboración?
   a) Por familias.
   b) Estanterías.
   c) Las dos respuestas anteriores son correctas.

7. ¿Qué es el *stock*?
   a) Productos almacenados para su venta.
   b) El diseño de un almacén.
   c) Un programa de contabilidad.

8. ¿Qué tipos de inventarios hay?
   a) Estructurales.
   b) Dinámicos.
   c) Materias primas.

9. La demanda uniforme es...
   a) Constante.
   b) Temporal.
   c) Paralela.

10. Indica si son verdaderas o falsas estas frases.

    Un *stock* excesivo es caro de mantener

    Verdadero ☐
    Falso ☐

    En los *cross-docking* hay *stocks*

    Verdadero ☐
    Falso ☐

    El *stock* de seguridad es un programa antivirus

    Verdadero ☐
    Falso ☐

11. En los siguientes párrafos rellena los espacios que faltan por completar.

    El método ABC establece que el 20 % de los artículos generan el_____ del valor del inventario, mientras que el 80 % restante de los artículos generan el _____ restante del inventario.

    La demanda_____ es la que es constante en el tiempo y no sufre unas_____ demasiado fuertes, por lo que en la gestión de los suministros del_____ no tendremos que preocuparnos por una ruptura de *stock*.

12. Relaciona entre sí las siguientes palabras:
    a) Lote económico   1. Gestión
    b) Costes   2. Pedido
    c) SGA   3. Administrativo

13. **Relaciona:**

a) Inventario   1. ... Acumulación de existencias

b) *Stocks*   2. ... Control de existencias

c) Demanda   3. ... Variación de existencias

ACTIVIDADES COMPLEMENTARIAS

1. Comenta qué beneficios nos aporta tener inventariado el almacén.

2. Realiza una búsqueda por internet de cinco empresas que tengan en su canal de distribución y/o utilicen un almacenamiento en *cross-docking*, indicando y argumentando cómo lo utilizan en cada una de las empresas.

3. Comenta cómo funciona el inventario por familias y qué beneficios nos aporta cuando decidimos realizarlo.

4. Un almacén de repuestos de fontanería está presentando inventarios físicos con un nivel de existencias inferior al registro informático. ¿Qué consecuencias puede tener esta incidencia en la gestión del almacén?

5. En un almacén a la hora de valorar el inventario que tenemos utilizamos el método ABC. Comenta y argumenta qué productos tendremos en la zona A.

6. Realiza una búsqueda por internet de cinco empresas que tengan un ERP en su canal de logística e indica y argumenta cómo lo utilizan en cada una de las empresas.

7. Si en nuestro almacén contamos con un SGA para la gestión del almacén, ¿qué tipo de funciones podemos realizar con dicho sistema?

8. En los siguientes párrafos rellena los espacios que faltan por completar.

En el momento en que se finaliza el inventario de nuestro almacén, es de vital importancia que todos los datos sean _____ que todos los productos que estén archivados en el programa de _____ de datos estén correlativamente numerados con los productos que se hayan _____ en el almacén/instalaciones.

Tener un inventario al día y que todo el proceso esté _____ nos facilitará conocer la disponibilidad de nuestros productos, tanto para la realización de los pedidos a nuestros _____ como para la expedición de los productos a nuestros _____.

9. Un mal inventariado nos originará una serie de errores en nuestra cadena de suministro y abastecimiento, de tal manera que no sabremos qué artículos tenemos disponibles; hay una serie de funciones que nos ayudarán a que nuestro inventario sea correcto. ¿Qué tipo de variables/funciones podemos tener para disponer de un inventario óptimo?

10. ¿Cuáles son algunas posibles causas de pérdidas desconocidas en el inventario y qué medidas se podrían implementar para identificar y prevenir estas pérdidas en un almacén?

2. Valoración y cálculo de inventarios

Contenido

Introducción

En este capítulo aprenderemos a evaluar los costes de *stocks* generados en el inventario de almacenaje de materiales y productos en un sistema de producción/aprovisionamiento.

También analizaremos procedimientos de valoración de existencias aplicando métodos PMP, FIFO, LIFO, comparando el resultado obtenido. Estudiaremos, además, las consecuencias económicas de la integración de la gestión del *stock* en el sistema de aprovisionamiento logístico de la empresa, y los costes implicados en la ruptura de *stocks,* almacenamiento, lanzamiento de pedido y adquisición. Por último, haremos un estudio de las desviaciones de los inventarios mediante aplicaciones informáticas.

2.1. Valoración de inventarios

- Sistemas FIFO, LIFO, PMP

  Existen distintos métodos para la valoración de las existencias de nuestro almacén y cada uno tendrá unos costes o precios diferentes. Los más utilizados son:

  FIFO: la primera existencia que entra es la primera en salir (*first in, first out*), con esto queremos decir que las primeras existencias que se compran son las primeras que se venden, con lo cual el coste de la venta será el más antiguo de los precios de adquisición existente.

  LIFO: la última existencia en entrar es la primera en salir (*last in, first out*), los últimos productos adquiridos son los primeros que se venden. Este método es útil para la mercancía que no tiene fecha de caducidad, y productos que no tengan una fuerte demanda.

  PMP (precio medio ponderado): consiste en hallar el coste promedio de los artículos que tenemos inventariados y que son parecidos, pero con distinto precio, ya que pueden ser comprados con otros precios en periodos de tiempo diferentes, y con distintas condiciones de descuentos.

  Es el método más neutral en la valoración y cálculo de las existencias finales que tenemos en nuestro almacén.

Ejercicio práctico

Somos encargados en un almacén y disponemos como existencias iniciales a 1 de marzo de 2024 de 50 unidades a 500 euros, por lo que va entrar una serie de mercancía y salir con los siguientes valores:

15 de marzo se compran 80 unidades a 20 euros.

20 de marzo se venden 60 unidades.

25 de marzo se compran 50 unidades a 10 euros.

Calcula las existencias finales mediante los métodos FIFO, LIFO Y PMP.

Solución:

Método FIFO

Fecha	Concepto	Entrada			Salida			Existencias		
		Uds.	Precio	Total	Uds.	Precio	Total	Uds.	Precio	Total
01/03/2024	Existencias iniciales							50	500	25 000
15/03/2024	Compra	80	20	1600				80	20	1600
								130		26 600
20/03/2024	Venta 60 unidades				50	500	25000	0	500	0
					10	20	200	70	20	1400
25/03/2024	Compra	50	10	500				50	10	500
								120		1900

Método LIFO:

Fecha	Concepto	Entrada			Salida			Existencias		
		Uds.	Precio	Total	Uds.	Precio	Total	Uds.	Precio	Total
01/03/2024	Existencias iniciales							50	500	25 000
15/03/2024	Compra	80	20	1600				80	20	1600
								130		26 600
20/03/2024	Venta 60 unidades				60	20	1200	50	500	25 000
								20	20	400
								70		25 400
25/03/2024	Compra	50	10	500				50	10	500
								120		25 900

Método PMP:

Fecha	Concepto	Entrada			Salida			Existencias		
		Uds.	Precio	Total	Uds.	Precio	Total	Uds.	Precio	Total
01/03/2024	Existencias iniciales							50	500	25 000
15/03/2024	Compra 1	80	20	1600				130	204,61	26 599,30
		50	500	25 000						
20/03/2024	Venta 60 unidades				60	204.61	12 276,60	70	204,61	14 322,70
25/03/2024	Compra 2	50	10	500				120	123,52	14 822,40
		70	204,61	14 322,70						

$$\text{PMP COMPRA } 1 = \frac{(CI*P1)+(C2*P2)}{C1+C2} = \frac{(80*20)+(50*500)}{80+50} = 204,61$$

$$\text{PMP COMPRA } 2 = \frac{(CI*P1)+(C2*P2)}{C1+C2} = \frac{(50*10)+(70*204,6)}{50+70} = 123,52$$

2.2. Estimación de costes asociados al inventario

• Costes de almacenamiento:

En los costes de almacenamiento hay que tener en cuenta que los productos que tenemos almacenados van a conllevar una serie de gastos a nivel de todas las instalaciones, como pueden ser:

— Gastos de alquiler o amortización del almacén.

— Costes del registro, entradas y salidas de los productos.

— Costes del deterioro y caducidad de los productos almacenados.

— Costes altos por *stocks* elevados.

— Alquiler o compra de estanterías.

— Agua, luz o limpieza del almacén.

— Gastos de personal y mantenimiento de las instalaciones.

— Gastos en productos de embalaje, etc.

En general todas estas variables van a afectar a nivel contable en la gestión de los costes de los productos almacenados.

La fórmula que se usa para sacar los costes de almacenamiento será:

$$CA = ca \times \left(\frac{Q}{2}\right)$$

En caso de disponer de un *stock* de seguridad se lo sumaríamos y nos quedaría:

$$CA = ca \times \left(\frac{Q}{2} + Ss\right)$$

Donde:

CA= Coste de almacenaje

ca= Coste unitario

Q= Cantidad que se pide en cada pedido

Ss= *Stock* de seguridad

- **Costes de lanzamiento de pedido**

  Los costes por la realización de un pedido van a suponer un gasto adicional a los del propio producto. Tenemos que tener en cuenta que, si estamos trabajando en el departamento de compras, habrá una serie de factores y variables, que a continuación veremos, que influirán en el lanzamiento de un pedido. Añadir, por último, que la emisión de un pedido grande conllevará más costes administrativos que varios pedidos más pequeños.

  — Costes de transportes.

  — Gastos de seguros.

  — Costes de seguimiento y lanzamiento del pedido.

  — Gastos de impuestos.

  — Costes aduaneros si se realizan a otro país.

  — Gastos de teléfono, material de oficina, etc.

  La fórmula que establece estos costes será:

$$CP = Cp. \times \frac{V}{Q}$$

Donde:

CP= Coste de emisión del pedido

$Cp.$= Coste unitario de un solo pedido

V= Ventas anuales de un artículo

Q= Cantidad que se pide en cada pedido

- **Costes de adquisición**

    Los costes de adquisición suponen la cantidad total invertida en la compra de la mercancía, o el valor contable del producto cuando se trata de material en curso o productos terminados.

    A la hora de gestionar los costes de adquisición de nuestro pedido tendremos que tener en cuenta:

    — El precio de la compra.

    — Los aranceles de importación y otros impuestos (que no sean recuperables).

    — El transporte y la logística de los productos.

    — Descuentos comerciales, rebajas, etc.

    Debemos tener en cuenta que, en las negociaciones que llevemos con los proveedores, hay que dejar claro qué tipo de propuestas se pactarán para el envío de dicha mercancía (quién se hace cargo de los portes, quién pone el embalaje, etc.).

    Los costes de adquisición son:

    PRECIO DE CADA PRODUCTO × NÚMERO DE ARTÍCULOS ADQUIRIDOS

- **Costes de ruptura de *stock***

    La ruptura de *stock* se produce cuando nos quedamos sin existencias de un producto, de materias primas, intermedias o terminadas, en el almacén. Ante una ruptura de *stock* las variables más importantes que pueden darse son:

    — Pérdidas en ventas.

    — Pérdida de imagen de la empresa.

    — Posible pérdida de algunos clientes.

Ante estas situaciones, y para poder evitarlas, tenemos que poner un *stock* de seguridad que nos dé la certeza de que en el momento en que se pudiera llegar a este nivel, nos lanzará un pedido automáticamente para no quedarnos sin existencias.

2.3. Indicadores de medida de inventarios

- Existencias

Las existencias son los *stocks* o los inventarios de que disponemos en la empresa; son nuestro capital circulante que tenemos en nuestras instalaciones y, por lo cual, se necesita una gestión especial de dichos productos.

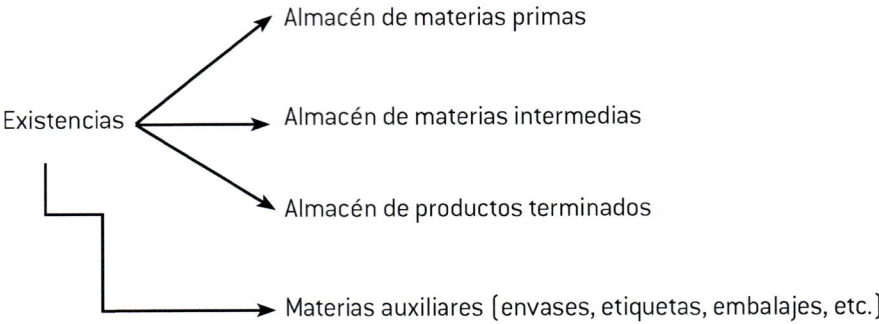

Como se puede comprobar en el esquema anterior, podemos clasificar las existencias en diferentes departamentos para una gestión adecuada de los costes de su inventario:

— **Almacén de materias primas:** es la ubicación donde se gestionan aquellos productos que vamos a utilizar para el abastecimiento de nuestra producción.

Figura 2.1. Almacén de materias primas.

— **Almacén de materias intermedias:** son aquellos productos que se van a utilizar en algún momento durante el proceso de fabricación en su etapa mecia.

— **Almacén de productos terminados:** es la ubicación final del producto terminado para su posterior salida y venta al cliente.

Figura 2.2. Almacén de productos terminados.

— **Materias auxiliares:** son todos aquellos materiales que utilizaremos para los distintos procesos productivos de la fabricación y almacenaje (palés, etiquetas, combustible, etc.).

Tenemos que tener en cuenta cada cuánto se hace el inventario de las existencias; a n vel contable y fiscal hay que realizar por lo menos uno una vez al año. Siempre tenemos que medir el inventario en unidades físicas cuando lo vamos a realizar, para posteriormente hacer un cálculo de los costes que tenemos en *stock*, y analizar los demás costes asociados a dicho *stock*.

RECUERDA...

Para decidir el grado de rotación y de importancia de las existencias que tenemos en el almacén se recurre al método ABC, con el cual decidimos el grado de atención que se debe prestar a los diferentes productos.

Este método establece que el 20 % de los artículos generan el 80 % del valor del inventario, mientras que el 80 % restante de los artículos generan el 20 % del valor restante del inventario.

- **Movimientos:**

  Para los movimientos de entradas y salidas tenemos que tener un programa o una base de datos que gestione en todo momento este recorrido por el almacén.

  De nada nos vale tener un cuenteo de las existencias si no disponemos de medios para la gestión de los movimientos de los productos. Las entradas y salidas de las mercaderías se pueden gestionar por día, por semana, etc., pero siempre procurando llevar un registro del material que entra y sale del almacén.

- **Ratio o tasa de rotación:**

  La rotación está ligada a las salidas de material de nuestras instalaciones e indica el número de veces que un producto se ha renovado durante un periodo de tiempo, normalmente un año.

  Tenemos que tener en cuenta que cuanto mayor es la rotación, se considera que la gestión de *stocks* es más eficiente, procurando mantener un buen servicio de atención al cliente en la venta final de nuestros productos.

  El índice de rotación vendrá dado por la siguiente fórmula:

  ÍNDICE DE ROTACIÓN = VENTAS DENTRO DEL PERIODO/*STOCK* MEDIO DEL PERIODO

  Las conclusiones más importantes que nos puede proporcionar el índice de rotación serían:

  — Un índice de rotación alto suele indicar una gestión eficiente del inventario; la acumulación excesiva de inventario nos puede llevar a costos de almacenamiento innecesarios.

  — Un índice de rotación alto puede señalar que la empresa está manteniendo un inventario ajustado a la demanda actual.

  — Un índice de rotación bajo podría sugerir que ciertos productos están siendo almacenados durante periodos prolongados. Esto aumenta el riesgo de que los productos se vuelvan obsoletos antes de venderse.

  — Es importante analizar el índice de rotación de inventario por categorías de productos. Algunos productos pueden tener una rotación más rápida que otros debido a su demanda.

  — Una rotación óptima de los productos nos proporciona una optimización en nuestra cadena logística adecuada con los suministros de nuestros proveedores.

— Un índice de rotación bajo quiere decir que dicho producto tiene poca salida en el almacén, con las consecuencias de tener costes de almacenamiento más elevados.

- **Cobertura:**

  La cobertura mide generalmente el número de días que permite cubrir las existencias. Tenemos que tener en cuenta que es más importante la cobertura de demanda futura, que nos va a proporcionar el *stock* de un producto en un momento dado, que una cobertura de *stock* medio para un periodo de tiempo intermedio.

- **Grado de utilización o de ocupación de los recursos:**

  El grado de utilización o de capacidad del almacén nos indica qué recursos debemos tener para el almacenaje de nuestros productos y permite saber en qué ciclo de tiempo vamos a tener que realizar un pedido, optimizando así la capacidad de almacenaje.

  Tenemos que tener en cuenta que el grado de utilización óptimo sería del 50 % y eso significa que no se han lanzado nuevos pedidos hasta que no se ha llegado a un punto de pedido establecido por nosotros.

  Debemos ser especialmente cuidadosos con la gestión de entradas y salidas para que no haya equivocaciones en la recepción o expedición de un producto.

ACTIVIDADES PRÁCTICAS:

1. ¿Qué significa el método FIFO?_____
2. ¿Qué son los costes de adquisición?_____
3. ¿Qué es un almacén de materias primas?_____

2.4. Análisis de desviaciones en los inventarios

- **Inventario informático e inventario real**

  Una vez que hemos contado las existencias, hay que pasar estos datos a un sistema informatizado o a una base de datos en la cual se verán reflejadas todas aquellas incidencias, o errores, en el caso que los hubiera, en la gestión de los *stocks*.

Actualmente las grandes empresas y almacenes suelen utilizar potentes programas informáticos que van por módulos (SAP, ORACLE), en los cuales ya se gestionan desde los costes de almacén hasta procesos de contabilidad, recursos humanos, etc.

Los SGA (Sistemas de Gestión de Almacenes) son programas informáticos destinados a la gestión del almacén.

Este tipo de programas informáticos, aparte de gestionar el inventario, también realizan otras operativas como control de personal, máquinas, instalaciones, etc.

Los SGA realizan diversas gestiones como pueden ser:

— Optimizar el espacio de almacenaje.

— Optimizar los flujos de material.

— Control del nivel de *stock*.

— Gestión a tiempo real.

— Planificación de los trabajos a realizar.

— Devoluciones.

— Entradas y salidas de material.

— Gestión de pedidos, etc.

En resumen, con este tipo de programas tendremos el inventario del almacén actualizado y al día, con lo cual daremos un mejor servicio al cliente y sabremos en todo momento qué productos tenemos, cantidades, precios, etc., para su venta final.

SABÍAS QUE...

El **punto de pedido** es el nivel de *stock* que nos indica que debemos realizar un nuevo pedido para no quedarnos sin suministros.

• **Medidas preventivas y correctoras**

Tenemos que tener claro que debemos realizar y tomar todas las medidas necesarias para que nuestro inventario esté actualizado y que tanto en la gestión del almacén como la de otros departamentos tengan todos los datos de las existencias al día.

Tendremos que tener unas medidas preventivas y correctoras para obtener un diagnóstico eficaz en el manejo de materiales, suministro y equipos de empresa, de manera que se logre en todo momento identificar, si lo hubiera, algún problema por demora de faltantes, mediante la creación y gestión de mecanismos de control y aplicaciones informáticas.

Entre las medidas preventivas y correctoras más importantes que podemos tener dentro del almacén para realizar serán:

— Gestión informática actualizada.

— Controles de punto de pedido.

— *Stock* de seguridad al día.

— *Stock* a nivel apropiado.

— Control de inventario.

— Control de índices de rotación.

— Control de recepción y expedición.

— Mantenimiento general de instalaciones y maquinaria.

- **Sistemas informáticos de control de inventarios**

    Para el control de los productos que tenemos en el almacén y la gestión efectiva de nuestros productos, como anteriormente hemos comentado, disponemos de una serie de programas informáticos.

    Tener informatizado el almacén nos va a permitir el uso de escáneres ópticos para registrar los números del código de inventario, y la cantidad de artículos vendidos. Entre los sistemas que más se utilizan se encuentra el código de barras, que está compuesto por una serie de dígitos, barras y espacios que sirven para conocer rápidamente el producto que estamos buscando. Los códigos de barras nos ofrecen la ventaja de tener las referencias de los productos al día, pero también tienen desventajas como que solo se puede almacenar un código por producto, y que no se pueden leer simultáneamente varios códigos con el lector.

    Actualmente una tecnología que se está implantando es la radiofrecuencia (RFID). Un lector de radiofrecuencia (RF) consta de una antena para emitir y recibir señales RF, un transceptor RF para la comunicación con etiquetas RFID, una unidad de procesamiento que interpreta datos, una interfaz de usuario para interacción, conectividad a sistemas, fuente de energía y *software* para controlar su funcionamiento.

La tecnología de radiofrecuencia (RF) en almacenes se basa en etiquetas RFID en productos y lectores RF en el entorno. Cuando un lector emite una señal, las etiquetas cercanas responden con información almacenada. Los datos se transmiten a un sistema central para mantener el inventario actualizado en tiempo real. Esto permite una gestión más eficiente, seguimiento automatizado de productos y mejora la productividad en el almacenamiento y distribución.

Si en el almacén disponemos de este tipo de tecnología, vamos a disponer de una serie de ventajas en la optimización de nuestra logística como pueden ser.

— Conocer en todo momento la trazabilidad de los productos en nuestra cadena logística.

— Reducción de errores de nuestros productos al realizar los escaneos con RFID.

— Optimización del espacio; esta tecnología nos permite una mejor planificación de la disposición del almacén y la ubicación de los productos.

— Recepción y expediciones de productos más precisa y óptima.

— Más eficiencia en la gestión de los inventarios; los lectores RFID pueden escanear múltiples etiquetas simultáneamente, lo que agiliza las operaciones y reduce los errores en el registro del inventario.

— El chip contenido en la etiqueta nos aporta más información sobre el producto en cuestión.

— Este sistema de RFID es adaptable a nuestro sistema de gestión de almacén.

— Tenemos un mayor control de nuestros productos para prevenir roturas de *stock*.

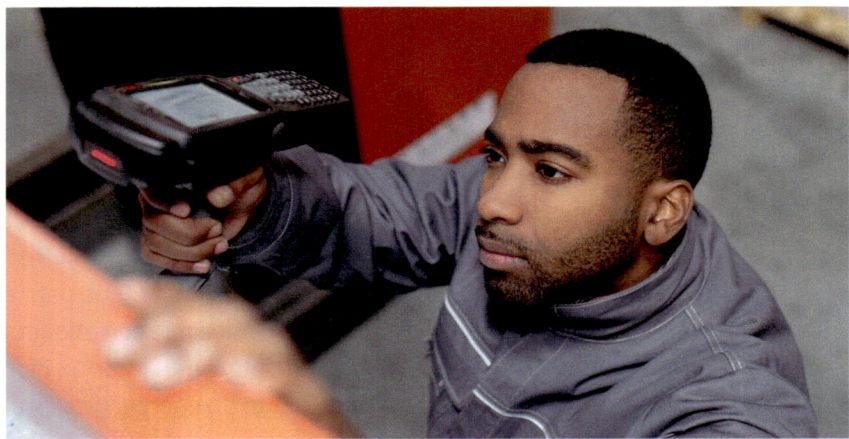

Figura 2.3. Escaneo de productos.

Sobre estos métodos de información de códigos de barras, etiquetas, *tags,* etc., se basan los sistemas informáticos para el control de inventarios. Entre los más populares tendremos:

— Sistemas de Gestión de Almacenes (SGA): los SGA se enfocan en el control y optimización de las operaciones de almacén, incluido el inventario. Permiten gestionar ubicaciones de productos, movimientos internos y pedidos de manera eficiente.

— Sistemas de Planificación de Recursos Empresariales (ERP): los sistemas ERP integran diversas funciones empresariales, incluida la gestión de inventario. Algunos sistemas ERP incluyen módulos específicos para la gestión de inventario, como SAP ERP.

— Sistemas de Punto de Venta (POS): los sistemas POS no solo gestionan las ventas, sino también el inventario. Llevan un registro de los productos disponibles en *stock,* lo que ayuda a gestionar las existencias y a realizar pedidos de reabastecimiento cuando sea necesario.

— Sistemas basados en la nube: muchos sistemas de gestión de inventarios están disponibles en la nube, lo que permite acceder a la información desde cualquier lugar con conexión a internet.

MAPA CONCEPTUAL

VALORACIÓN Y CÁLCULO DE INVENTARIOS

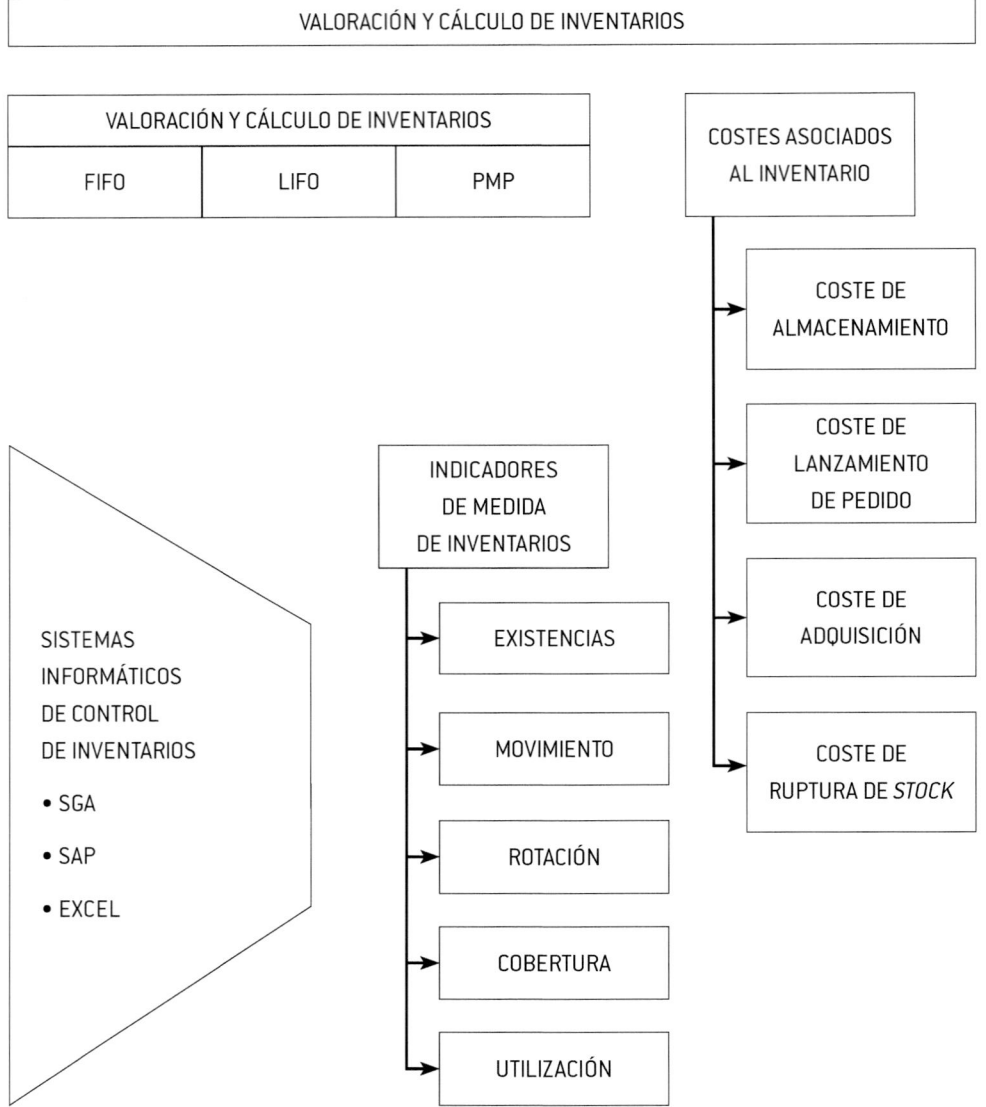

VALORACIÓN Y CÁLCULO DE INVENTARIOS		
FIFO	LIFO	PMP

COSTES ASOCIADOS
AL INVENTARIO

- COSTE DE ALMACENAMIENTO
- COSTE DE LANZAMIENTO DE PEDIDO
- COSTE DE ADQUISICIÓN
- COSTE DE RUPTURA DE *STOCK*

SISTEMAS
INFORMÁTICOS
DE CONTROL
DE INVENTARIOS

- SGA
- SAP
- EXCEL

INDICADORES
DE MEDIDA
DE INVENTARIOS

- EXISTENCIAS
- MOVIMIENTO
- ROTACIÓN
- COBERTURA
- UTILIZACIÓN

TEST DE REPASO Y EJERCICIOS

1. Se considera que la primera existencia en entrar es la primera en salir:
   a) LIFO.
   b) FIFO.
   c) PMP.

2. ¿Qué coste se produce cuando nos quedamos sin existencias de un producto en el almacén?
   a) Coste de almacenamiento.
   b) Coste de lanzamiento de pedido.
   c) Coste por ruptura de *stock*.

3. Nos indica el número de veces que un producto se ha renovado durante un periodo de tiempo, normalmente un año...
   a) La cobertura.
   b) La ratio.
   c) El *picking*.

4. ¿Qué significan las siglas SGA?
   a) Sistema general de almacenamiento.
   b) Sistema de gestión de almacenes.
   c) Sistema de gestión de actividades.

5. ¿Cuál de estos programas se usa para la gestión de un almacén?
   a) Autocad.
   b) COREL.
   c) SAP.

6. ¿Qué son las existencias?
   a) *Stocks* acumulados en el almacén.
   b) Un programa informático.
   c) Pérdidas no conocidas.

7. Consiste en hallar el costo promedio de los artículos:
   a) SGA.
   b) PMP.
   c) PMC.

8. Es la cantidad total invertida en la compra del artículo:

a) Coste de ruptura.

b) Coste de mantenimiento.

c) Coste de adquisición.

9. Nos sirve para controlar la mercancía del almacén y realizar pedidos:

a) PDA.

b) PDJ.

c) PDI.

10. Es la ubicación final de los productos:

a) Almacén auxiliar.

b) Almacén de productos terminados.

c) Almacén dinámico.

11. ¿Qué son los costes de ruptura de *stock*?

12. ¿Qué es la tasa de rotación?

13. Indica si son verdaderas o falsas estas frases.

LIFO considera que la primera existencia que entra es la primera en salir.

Verdadero ☐

Falso ☐

Los SGA (Sistemas de Gestión de Almacenes) son programas informáticos destinados a la gestión del almacén.

Verdadero ☐

Falso ☐

El punto de pedido indica que tenemos el *stock* del almacén al máximo.

Verdadero ☐

Falso ☐

ACTIVIDADES COMPLEMENTARIAS

1. Existen distintos métodos para la valoración de las existencias de nuestro almacén y cada uno tendrá unos costes o precios diferentes. Comenta el funcionamiento del sistema FIFO, LIFO y PMP para el inventario de nuestras existencias en el almacén.

2. En los costes de almacenamiento hay que tener en cuenta que los productos que tenemos almacenados van a conllevar una serie de gastos. Comenta alguno de los costes de almacenamiento más habituales.

3. ¿Cuáles son las causas más importantes que se producen en los inventarios del almacén donde los inventarios físicos son más bajos que los inventarios informáticos?

4. Realiza una búsqueda por internet de algunos programas informáticos con los cuales podemos hacer un control del inventariado de nuestro almacén.

5. Comenta qué conclusiones podemos sacar aplicando el índice de rotación en nuestros productos inventariados.

6. ¿Cuáles podrían ser algunas de las posibles causas detrás de un error en el proceso de ubicación de mercancías en un almacén que resulta en la asignación incorrecta de un palé a una ubicación equivocada y, como consecuencia, genera un inventario incorrecto?

7. Busca información por internet de cuáles son los beneficios y desventajas de llevar a cabo inventarios anuales en comparación con la realización de inventarios más frecuentes a lo largo del año.

8. Comenta qué beneficios nos aporta tener un Sistema de Gestión de Almacenes (SGA) para la gestión de los inventarios.

9. Comenta qué ventajas nos aporta tener un sistema de radiofrecuencia en nuestro almacén para la gestión de las mercancías.

10. Una empresa tuvo unas ventas de un producto por valor de 25 000 euros durante el año. El valor económico del *stock* promedio del producto en su almacén fue de 3500 euros. Calcula el índice de rotación.

3. Control y gestión de *stocks*

Contenido

Introducción

En este capítulo diferenciaremos los factores que intervienen en la gestión y control de inventarios de la cadena de suministro, señalando las medidas correctoras que garanticen el nivel adecuado de aprovisionamiento de los distintos programas de producción.

Explicaremos también las incidencias en la valoración y control de inventario relativas a retrasos en las entregas de un proveedor, devoluciones de mercancías y variaciones de la demanda.

Comprobaremos, además, mediante el modelo óptimo de pedido o modelo de Wilson, cuál es la cantidad de unidades más óptima que tiene que ir en cada pedido.

Y, por último, analizaremos las circunstancias de la ruptura de *stock* en el inventario indicando las causas y consecuencias producidas, y adoptando las medidas preventivas o correctoras pertinentes, así como los diferentes parámetros de gestión de *stock* de los que disponemos para que esto no ocurra.

3.1. Objetivos y funciones de la gestión de *stock*

Los *stocks* son la acumulación de existencias que están en el almacén para que, en un momento de alta demanda, podamos disponer de ellas para satisfacer las necesidades de nuestros clientes.

Tenemos que tener en cuenta que el *stock* está formado por productos inmovilizados que están en el almacén, los cuales van a originar una serie de gastos y costes de nuestro capital. Es aconsejable, por tanto, buscar un equilibrio en el servicio a cliente y administrar los recursos que vamos a necesitar para almacenar nuestros *stocks*.

Entre los objetivos más importantes de una buena gestión de *stocks* se encuentran:

- Deberemos cubrir, por lo menos, dos aprovisionamientos.

- Tenemos que tener suficiente *stock* para satisfacer a nuestros clientes.

- Si tenemos problemas de entrega de productos de alguno de nuestros proveedores, es conveniente tener un *stock* de seguridad para esos casos.

- Debemos prever posibles oscilaciones de la demanda y de los clientes.

- Se deben gestionar las mercancías con sentido económico y organizativo del espacio en el almacén.

Además, podremos conocer las previsiones de venta o la demanda de los productos con su venta real al cliente.

Con la gestión del *stock* conseguimos tener la parte de nuestro capital inmovilizado controlado en todo momento, utilizando para ello programas informatizados de bases de datos.

Figura 3.1. Mercancía en un almacén.

3.2. Variaciones de la demanda y nivel de *stock*

Actualmente muchas empresas tienden a reducir el *stock* de sus almacenes, pero tenemos que buscar ese punto óptimo entre la cantidad de *stock* y no quedar sin suministros para nuestros clientes.

Ante las posibles oscilaciones y variaciones del mercado respecto a la demanda, resulta imprescindible tener *stock* almacenado en nuestras instalaciones.

- *Stock* operativo y *stock* de seguridad

  El **stock operativo** es el *stock* que resulta del reaprovisionamiento del inventario o utilizado en la producción; es un tipo de *stock* que se gestiona mediante la fluctuación de la demanda conocida.

  El *stock* mínimo o de seguridad se utiliza para imprevistos: aumento de demandas inesperadas, retrasos en los pedidos que nos puedan ocasionar nuestros proveedores, roturas de *stock*, etc. El *stock* de seguridad lo suelen tener aquellas empresas cuyo inventario de productos es bajo. Este tipo de *stock* no se utiliza tanto cuando:

— Conocemos en todo momento la demanda de nuestros clientes.

— Los pedidos que recibimos de nuestros proveedores llegan sin ningún problema.

— No hay fluctuaciones grandes en los precios de ventas.

El *stock* de seguridad será igual al *stock* mínimo más un porcentaje de seguridad:

$$STOCK \text{ DE SEGURIDAD} = STOCK \text{ MÍNIMO} + \%$$

3.3. Método de gestión de *stock* programado

El **método de gestión programado de existencias** es factible cuando tenemos una demanda óptima en un ciclo de tiempo estable, y se establece si hay una variación de clientes menor que el ciclo de proceso del producto.

Este método es relativamente sencillo, ya que se lanza una orden de pedido en el momento en que se alcanza el punto de pedido y, como no tenemos unas fluctuaciones muy grandes ni muy pequeñas de la demanda, podemos programar los pedidos de forma estable, durante cierto tiempo, de estos artículos que no dependen de la demanda para su reposición.

El *stock* programado o automático nos permite actualizar inmediatamente las existencias de entrada y salida, ya que, como conocemos en todo momento la demanda de estos productos, la gestión del capital inmovilizado de estos productos y sus costes son conocidos para la auditoría contable de la empresa.

Este tipo de gestión, en el que conocemos las variables de demanda y ventas, es ventajoso a la hora de la preparación del pedido, dado que conocemos el lote óptimo, con lo que el lote de pedido siempre es el mismo y la cantidad a pedir conocida.

SABÍAS QUE...

Llamamos **periodo de reaprovisionamiento** al plazo de tiempo que hay entre dos entregas de existencias de nuestro proveedor.

3.4. Método de gestión de *stock* no programado

En este tipo de método la demanda es independiente, con lo cual tenemos una fuerte fluctuación de los productos dependiendo de sus ventas (ofertas, descuentos, promociones, etc.).

Este método se divide en dos modelos:

Modelo de aprovisionamiento continuo: el modelo de aprovisionamiento continuo es una estrategia de gestión de inventario que mantiene un flujo constante de productos en *stock*. Se establece un punto de pedido como nivel mínimo de inventario y, cuando el *stock* se acerca a este punto, se activa automáticamente un pedido de reposición. La cantidad a reabastecer se calcula considerando la demanda promedio y la variabilidad durante el tiempo de espera de reaprovisionamiento; también se conoce como modelo de revisión continua.

Modelo de aprovisionamiento periódico: el modelo de aprovisionamiento periódico en la gestión de inventario implica realizar revisiones regulares en momentos predefinidos para hacer pedidos de reposición sin considerar el nivel actual de inventario. Esto simplifica la gestión, pero puede causar variaciones en los niveles de inventario y problemas de *stock* si la demanda fluctúa; es adecuado para productos con demanda relativamente constante.

- **Método del punto de pedido (o de revisión continua)**

  El punto de pedido es la variable que tenemos en el almacén para lanzar un pedido de existencias que llamaremos **lote económico,** al cual añadiremos el *stock* de seguridad para evitar posibles rupturas de *stock* y no quedarnos sin suministros.

Es importante realizar cada pedido de lote económico con tiempo suficiente para que no tengamos ninguna ruptura de *stock*, teniendo en cuenta el plazo de entrega del proveedor y la demanda media de los productos.

El punto de pedido viene dado por la siguiente fórmula:

$$PP = SS + (PE \times DM)$$

Donde:

PP= Punto de pedido

SS= *Stock* de seguridad

PE= Plazo de entrega del proveedor

DM=Demanda media

Ejercicio práctico

La empresa Meana Coalla SL, que se dedica a la distribución de productos de conserva, tiene una demanda media de sardinas en lata de 60 unidades al día, de lunes a viernes. Nuestro proveedor nos da un plazo de entrega de 3 días y el *stock* de seguridad que hemos establecido en este producto es de 32 unidades.

Calcula el punto de pedido para este producto.

Solución:

PP= Calcular

DM= 60 unidades

PE= 3 días

SS= 32 unidades

PP= SS + (PE × DM)

PP= 32 + (3 × 60) = 212 unidades

Esto quiere decir que la empresa tendrá que lanzar un nuevo pedido cuando nuestras existencias desciendan de 212 unidades, y que durante esos tres días que tarda en llegar el pedido tendremos un *stock* de 180 unidades más las 32 unidades del *stock* de seguridad.

- **Método de aprovisionamiento periódico (o de revisión periódica)**

    Este método consiste en revisar cada ciclo de tiempo constante (semanas, meses, etc.) el inventario en *stock* de los productos que tenemos, y lanzar una orden de pedido, llamada *orden de aprovisionamiento periódico,* cada ciclo de tiempo establecido. Se solicitará una cantidad variable hasta llegar de nuevo al *stock* máximo, y así en el tiempo establecido volvemos a repetir la operación.

    Tenemos que tener claro una serie de factores o variables a la hora de realizar este aprovisionamiento periódico, como pueden ser:

    — La demanda establecida en cada momento.

    — Los costes de hacer un pedido cambian en los ciclos de tiempc.

    — Los costes de almacenamiento no son los mismos entre pedidos.

    — Siempre hay que saber qué tipos de descuentos, ofertas, etc., podemos tener entre pedido y pedido para no habituar a nuestros proveedores.

    En este caso la fórmula que tenemos que utilizar para realizar nuestro periodo de aprovisionamiento será la siguiente:

    $$Q = stock \text{ máximo} - stock \text{ actual del almacén}$$

    Para calcular el *stock* máximo utilizaremos

    $$Stock \text{ máximo} = (Dmd*Dact) + (Dmd*Pent) + SS$$

Ejercicio práctico

En un almacén disponemos de los siguientes datos respecto a un producto: tiene una demanda media diaria de 25 unidades, el plazo de entrega del proveedor es de 10 días; con 21 días al mes de actividad de la empresa y un periodo de revisión mensual, el *stock* de seguridad es de 200 unidades, y el *stock* disponible a 1 de junio es de 125 unidades.

Se pide:

- El *stock* máximo de dicho producto.
- Calcular la cantidad que debemos pedir este mes de junio.

Solución:

- El *stock* máximo de dicho producto

    Dmd = 25 unidades

    Dact = 21 días

    Pent = 10 días

    SS = 200 unidades

    Stock máximo = (Dmd*Dact) + (Dmd*Pent) + SS

    Stock máximo = (25*21) + (25*10) + 200 = 975 unidades de *stock* máximo

- Calcular la cantidad que debemos pedir este mes de junio

    Q = *Stock* máximo – *stock* actual del almacén

    975 – 125 = 850 unidades son las que debemos pedir

RECUERDA...

La planificación de la demanda se ha convertido en un factor indispensable en el *stock* del almacén. Tenemos que mantener unos *stocks* en el inventario de nuestras existencias acordes con la demanda establecida en ese momento para cada producto, a fin de no sufrir pérdidas por reabastecimiento de existencias, las cuales pueden conllevar pérdidas de clientes.

Conviene elaborar unos estudios estadísticos de ciertos productos y su demanda para que los pedidos que realizamos a nuestros proveedores nos sean entregados en un ciclo de tiempo estimable según necesidades productivas y de demanda.

3.5. Métodos de determinación de pedidos: modelo de pedido óptimo o modelo de Wilson

El modelo de Wilson es un método que tiene como objetivo saber qué volumen o cantidad de productos se puede incluir en el pedido para que nos los suministren.

Para hacer este cálculo suele emplearse el modelo de pedido óptimo, en el cual ya tenemos una serie de constantes como son:

- Las ventas son constantes en el tiempo.
- La demanda es conocida.
- El coste de almacenamiento es conocido.
- Los precios de adquisición son constantes.
- Los costes por pedido son constantes.
- Las entradas de mercancía se realizan por pedidos constantes.

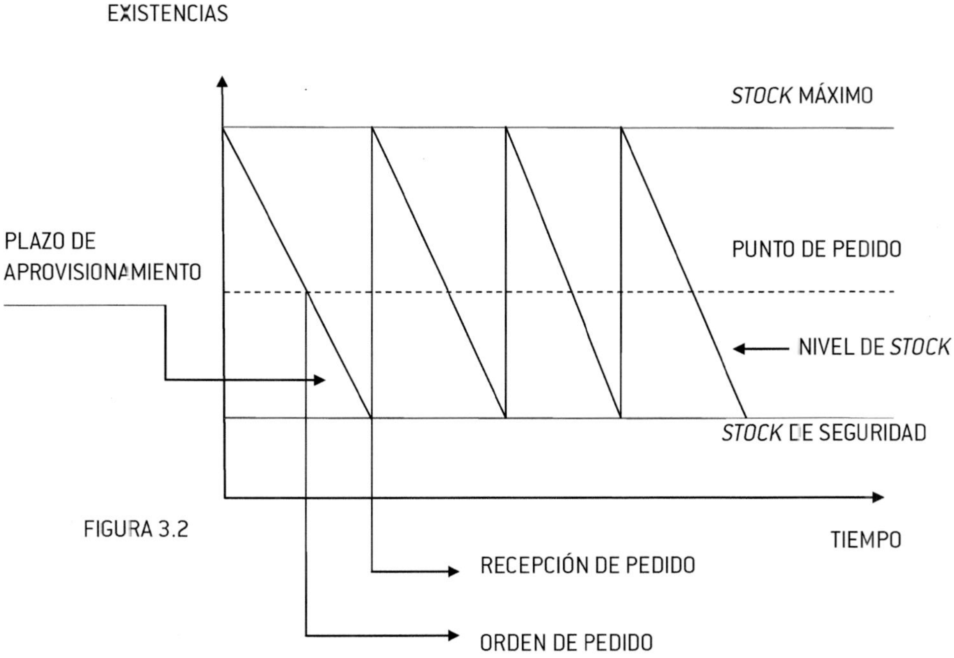

FIGURA 3.2

Como se muestra en la Figura 3.2, cuando nuestras provisiones bajan hasta **el punto de pedido** es cuando lanzamos una **orden de pedido**. Al periodo que transcurre hasta la **recepción del pedido** lo denominamos *plazo de* *aprovisionamiento* y durante ese tiempo nuestras existencias seguirán bajando hasta el **stock de seguridad**. Y así sucesivamente se va repitiendo el ciclo de nuestros inventarios con este método.

La fórmula que utilizaremos para conseguir el tamaño óptimo del pedido nos vendrá dada por tres factores:

Costes de adquisición: que se calculan multiplicando las ventas anuales por el precio del producto.

$$CAD = V \times P$$

Donde:

CAD= Coste de adquisición

V= Ventas anuales

P= Precio del producto

Costes de emisión de pedidos: son los gastos administrativos derivados del lanzamiento del pedido, y se calculan multiplicando el coste de un pedido por el número de pedidos.

$$CP = Cp \times \frac{V}{Q}$$

Donde:

CP= Coste de pedido

Cp= Coste de un pedido

V= Número de ventas

Q= Cantidad pedido

Costes de almacenamiento: son gastos generales de las instalaciones; se calculan multiplicando el coste de mantener cada unidad por el *stock* medio.

$$CA = Ca \times \frac{Q}{2}$$

Donde:

Ca= Coste unitario de cada unidad

$\dfrac{Q}{2}$= Stock medio

Una vez que tenemos las fórmulas de los tres costes podemos desarrollar la fórmula definitiva de los costes totales, que será:

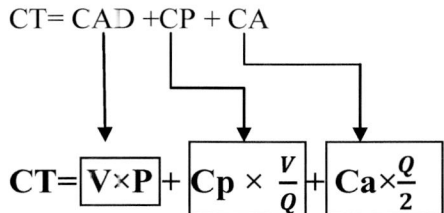

CT= Coste total

CAD= Coste de adquisición

CP= Coste de pedido

CA= Coste de almacenamiento

Por lo que al final los costes totales se calculan con esta fórmula:

$$CT= V \times P + Cp \times \frac{V}{Q} + Ca \times \frac{Q}{2}$$

La fórmula para calcular el lote óptimo será:

$$Q^* = \sqrt{\frac{Cp \times V \times 2}{Ca}}$$

Donde:

Q*= Pedido óptimo

CP= Coste de pedido

V= Número de ventas

Ca= Costes de almacenamiento

Ejercicio práctico

La empresa Meana Vallina tiene unas ventas de 100 000 unidades al año con unos costes de emisión por pedido de 30 euros. El coste de tener una unidad almacenada durante un año es de 1,5 euros, el proveedor tarda en servir el pedido 4 días y el coste de cada producto es de 2 euros.

Se pide:

- El lote óptimo.
- Ventas diarias.
- El punto de pedido.
- El número de pedidos anuales.
- El coste total anual del inventario.

Solución:

- **Lote óptimo:**

V= 100 000 unidades

Cp= 30 euros/pedido

Ca= 1,5 euros unidad/año

$$\mathbf{Q^*}=\sqrt{\frac{Cp \times V \times 2}{Ca}} = \sqrt{\frac{30 \times 100\,000 \times 2}{1.5}}= \mathbf{2000\ unidades\ cada\ pedido}$$

- **Ventas diarias:**

V= 100 000 unidades/año

T= 365 días

$$\mathbf{V}=\frac{Ventas\ año}{Dias/año}=\frac{100\,000}{365}= 273,9= \mathbf{274\ unidades/día}$$

- **El punto de pedido:**

Ventas diarias= 274 unidades

Plazo de entrega= 4 días

$$\text{PP}= V \times Pe= 274 \times 4= \mathbf{1096\ unidades\ sin\ \textit{stock}\ de\ seguridad}$$

Si tuviésemos un *stock* de seguridad de 200 unidades se las sumaríamos

$$\text{SS}=1096 + 200= \mathbf{1296\ unidades\ con\ \textit{stock}\ de\ seguridad}$$

- **El número de pedidos anuales:**

Va= Ventas anuales

Q*= Número de unidades en cada pedido

$$\text{Npa} = \frac{100\,000}{2\,000} = 50 \text{ pedidos/año}$$

- **El coste total anual del inventario:**

$$CT = CAD + CP + CA$$

Donde:

CAD= Coste de adquisición

CP= Coste de emisión de pedidos

CA= Coste de almacenamiento

CT= Coste total

CAD= Coste de adquisición

CAD= V × P= 100 000 × 2= **200 000 euros**

V= 100 000 unidades

P= 2 euros

CP= Coste de emisión de pedidos

$$\textbf{CP} = \text{Cp} \times \frac{V}{Q} = 30 \times \frac{100\,000}{2\,000} = \textbf{1500 euros}$$

CP= Coste de pedidos

Cp= 30 euros/pedido

V= 100 000 unidades

Q= 2000 unidades pedido

- CA= Coste de almacenamiento:

$$\mathbf{CA}= Ca \times \frac{Q}{2} = 1,5 \times \frac{2000}{2} = \mathbf{1500\ euros}$$

Donde:

CA= Costes de almacenamiento

Ca= 1,5 euros/año

Q= 2000 unidades

El coste total del inventario lo obtendremos al sumar los tres costes.

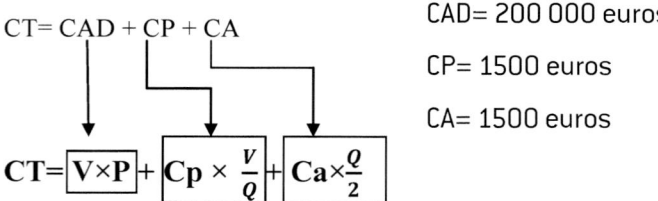

CAD= 200 000 euros

CP= 1500 euros

CA= 1500 euros

CT= 200 000+1500 + 1500= **203 000 euros** es el coste total de este inventario.

SABÍAS QUE...

Cuanto más alta sea la rotación menos tiempo permanecerán las mercancías en el almacén, debido a una buena administración y gestión de los inventarios.

3.6. Lote económico de fabricación y/o pedido

- Cálculo del lote o cantidad económica del pedido (LEP)

Como ya hemos visto anteriormente, el lote económico de pedido sirve para solicitar la cantidad de productos que necesitamos, estableciendo qué baremos de distribución y adquisición son los más rentables para nosotros a la hora de lanzar un pedido.

En este método de lanzamiento de pedidos existirán una serie de constantes permanentes:

— El inventario es constante durante un ciclo de tiempo.

— La demanda es conocida.

— El tiempo de entrega de los pedidos por parte de nuestros proveedores es conocido.

— Los costos más importantes son la realización del pedido y el mantenimiento del inventario.

— Los descuentos por cantidad de unidades compradas.

La fórmula para calcular el lote óptimo será:

$$Q^* = \sqrt{\frac{Cp \times V \times 2}{Ca}} \qquad Q^* = \sqrt{\frac{Cp \times V \times 2}{Ca \times Cm}}$$

Donde:

Q^* = Pedido óptimo o lote económico

CP = Coste de pedido

V = Número de ventas

Ca = Costes de almacenamiento

[CMantenimiento] / [Tinterés]= tenemos que tener en cuenta que habrá veces que tendremos costes de mantenimiento o tipos de interés en %, que irán en el denominador.

Ejercicio práctico

Tenemos en el almacén unos artículos cuya demanda anual es de 12 000 unidades. Los costes por pedido son de 20 euros, los costes de almacenamiento de dichas unidades son de 3 euros por unidad al año, y tenemos unos costes de mantenimiento también anuales del 12 %. Calcular el lote óptimo.

Solución:

CP = 20 euros/pedido

V = 12 000 unidades/año

$Ca=$ 3 euros/año

$Cm=$ 12 %= 0,12

$$Q^* = \sqrt{\frac{Cp \times V \times 2}{Ca \times Cm}} = \sqrt{\frac{20 \times 12000 \times 2}{3 \times 0,12}} = 1154,70 \text{ unidades}$$

RECUERDA...

El coste total de almacenamiento estará compuesto por la suma de tres factores:

- Coste de adquisición: es el precio del producto por el número de ventas.
- Coste de pedido: son los costes que están vinculados al lanzamiento de un pedido.
- Coste de almacenamiento: son los gastos generales que vamos a tener en nuestras instalaciones.

3.7. Parámetros de gestión de *stock*

- *Stock* mínimo

El *stock* mínimo es la cantidad mínima de productos que tenemos que tener en nuestro inventario para satisfacer las necesidades de nuestros clientes.

Dicho *stock* mínimo estará un poco por encima del *stock* de seguridad o igual, ya que, en el tiempo que pasa entre el lanzamiento del pedido y la recepción de la mercancía, no tenemos que quedarnos sin suministros.

En este tipo de *stock* debemos tener una demanda estable, que nuestros proveedores sean de confianza y que no haya retrasos en las entregas de la mercancía por riesgo de quedarnos desabastecidos al llevar un *stock* tan bajo.

Stock mínimo = C × T

C= Consumo de unidades

T= Tiempo de reaprovisionamiento

- *Stock* medio

  El *stock* medio es la mitad de las existencias de las que disponemos en el inventario, incluido el *stock* de seguridad.

  $$Stock\ \mathbf{medio} = \frac{Q}{2} + SS$$

  Q= Cantidad de producto por pedido

  SS= *Stock* de seguridad

- *Stock* máximo

  Es la mayor cantidad de existencias que puede soportar el almacén, teniendo en cuenta su tamaño y los costes de almacenamiento.

  Nos interesa tener un inventario de *stock* máximo cuando:

  — Los costes de almacenamiento son bajos.

  — Los costes de adquisición son bajos.

  — Los costes de emisión de pedidos son altos.

  — Cuando tenemos productos de poca rotación.

  — En campañas de fuerte demanda de algunos productos.

  — Cuando tenemos problemas de abastecimiento con proveedores.

  $$Stock\ máximo = [Q + PP] - Sm$$

  Donde:

  Q= Cantidad de producto

  PP= Punto de pedido

  Sm= *Stock* mínimo

- *Stock* de seguridad

  El *stock* de seguridad se utiliza para imprevistos, aumento de demandas inesperadas, retrasos en los pedidos por culpa de nuestros proveedores, roturas de *stock*, etc. El *stock* de seguridad lo suelen tener aquellas empresas cuyo inventario de productos es bajo; este tipo de *stock* no se utiliza tanto cuando:

— Conocemos en todo momento la demanda de nuestros clientes.

— Los pedidos que recibimos de nuestros proveedores llegan sin retrasos.

— Cuando no hay fluctuaciones grandes en los precios de ventas.

El *stock* de seguridad será igual al *stock* mínimo más un porcentaje de seguridad:

$$STOCK \text{ DE SEGURIDAD} = STOCK \text{ MÍNIMO} + \%.$$

Ejercicio práctico

En el almacén tenemos un consumo o demanda media de 8 unidades diarias, el tiempo estimado de suministro son 6 días, la cantidad de producto que se sirve en cada pedido es de 300 unidades y tenemos un *stock* de seguridad de 50 unidades. Calcular el *stock* mínimo, medio y máximo.

Solución:

$$Stock \text{ mínimo} = C \times T = 8 \times 6 = \textbf{48 unidades}$$

C= 8 unidades

T= 6 días

$$\textbf{\textit{Stock} medio} = \frac{Q}{2} + SS = \frac{300}{2} + 50 = \textbf{200 unidades}$$

Q= 300 unidades

SS= 50 unidades

$$\textit{Stock} \text{ máximo} = [Q + PP] - Sm = [300 + 98] - 48 = 398 - 48 = \textbf{350 unidades}$$

Q= 300 unidades

PP= 98 unidades

Sm= 48 unidades

$$PP = SS + (PE \times DM) = 50 + (6 \times 8) = \textbf{98 unidades}$$

SS= 50 unidades

PE= 6 días

DM= 8 unidades

- *Stock* óptimo:

  El *stock* óptimo nos permite cubrir las demandas de venta con los menores costes de almacenamiento posible. Con esto conseguimos que en el almacén nuestras existencias de material inmovilizado tengan un alto grado de rotación con unos costes de almacenamiento menores, dando a los clientes en todo momento los productos que necesiten.

- *Stock* de consignación:

  En este sistema de *stock*, es el proveedor el que suministra el producto y lo almacena en las instalaciones del cliente; solamente cuando el cliente va a hacer uso de estos productos es cuando se le pasa la factura.

  Este tipo de *stock* es poco favorable e implica un riesgo grande en la gestión de las existencias por parte del proveedor, que se encuentra a descubierto y sujeto a las condiciones de venta de su consignatario.

- Otros parámetros:

  Stock activo: es el necesario para hacer frente a una demanda en un determinado momento; suele estar comprendido entre el *stock* máximo y el mínimo.

  Stock cero: consiste en adquirir las existencias que se necesitan en el momento que tengamos demanda de ellas.

  Stock por fluctuación: en este tipo de *stock* no se puede predecir la demanda de ventas con el almacenamiento de las existencias, por lo que son amortiguadas por el *stock* de seguridad.

  Stock por anticipación: las existencias son almacenadas durante una época de gran demanda, ofertas, descuentos, etc.

GLOSARIO DE CLASES DE *STOCKS*	
STOCK DE CICLO	Se refiere al nivel de inventario que fluctúa de manera regular debido a las actividades normales de producción y venta
STOCK DE SEGURIDAD	Su propósito es evitar la falta de existencias en situaciones imprevistas, como aumentos repentinos en la demanda o retrasos en los suministros
STOCK DE ANTICIPACIÓN	Se refiere al inventario acumulado antes de eventos previsibles, como temporadas de ventas más altas

GLOSARIO DE CLASES DE *STOCKS*	
STOCK DE FLUCTUACIÓN	Este inventario se mantiene para contrarrestar las fluctuaciones normales en la producción y la demanda
STOCK DE TEMPORADA	Son productos que se mantienen para cumplir con la demanda estacional
STOCK DE TRÁNSITO	Existencias pendientes de ser entregadas; aún no están disponibles para su venta hasta que lleguen a su destino final
STOCK ÓPTIMO	Nos permite cubrir las demandas de venta con los menores costes de almacenamiento posible
STOCK DE CONSIGNACIÓN	Inventario que se encuentra físicamente en la ubicación del cliente, pero sigue siendo propiedad del proveedor hasta que se venda
STOCK DE PRESENTACIÓN	Existencias expuestas al cliente para su venta
STOCK DE ESPECULACIÓN	Este tipo de *stock* se refiere a la cantidad de inventario que se mantiene en anticipación a eventos futuros o cambios en el mercado
STOCK OBSOLETO	Productos que ya no son vendibles debido a cambios en la tecnología, normativas o porque han quedado obsoletos en el mercado
STOCK MÁXIMO	Cantidad máxima de productos que podemos almacenar
STOCK MÍNIMO	La cantidad más baja de un producto que se debe tener en inventario para evitar quedarse sin existencias antes de recibir un nuevo pedido
STOCK PERECEDERO	Productos con fecha de caducidad, como alimentos o productos farmacéuticos
STOCK DE DEVOLUCIONES	Consiste en productos que han sido devueltos por los clientes
STOCK DE REPUESTOS	Componentes adicionales mantenidos para la reparación y el mantenimiento de productos

ACTIVIDADES PRÁCTICAS:

1. Define qué es el *stock*_____

2. Define qué es el *stock* mínimo_____

3. Define qué es el *stock* de consignación_____

3.8. Rotación del *stock*

Con la rotación de *stock* de un almacén podremos saber cuántas veces entra y sale un producto de nuestras instalaciones y conocer la rentabilidad de esas existencias.

Una buena rotación de productos supone beneficio para la empresa, ya que los costes por capital inmovilizado en existencias serán menores. Hay otra serie de ventajas en la rotación del *stock*, como pueden ser:

- Se pueden mantener unos precios competitivos, y así aumentar las ventas.
- Menos gastos en costes de almacenamiento.
- Menos inventario que gestionar a largo plazo.
- Menos inversión en existencias y en *stock*.
- Hace más positiva la imagen de la empresa por sus ventas y calidad.

También podemos tener desventajas por rotación del *stock*:

- Si hay mucha rotación de productos, podemos tener una ruptura de *stock* si no los gestionamos correctamente.
- Una alta rotación puede significar que estamos vendiendo el producto al cliente final a un precio no recomendado, no obteniendo beneficios la empresa en relación con el precio de coste/precio de venta.
- Mayores costes de adquisición y de emisión de pedidos.
- Posibles descuentos por volúmenes de pedido.

SABÍAS QUE...

El PGC (Plan General Contable) especifica como métodos de valoración permitidos el PMP y el FIFO.

3.9. Cálculo de parámetros de *stock*

Como ya hemos visto hasta ahora, tenemos varios parámetros para el control y gestión eficiente de nuestras existencias en el almacén.

En resumen, los más importantes que tenemos para la gestión serían:

- El **punto de pedido** es la variable que tenemos en el almacén para lanzar un pedido de existencias que llamaremos **el lote económico**, al cual añadiremos el *stock* de seguridad para evitar posibles roturas de *stock* y no quedarnos sin suministros.

- Es importante realizar cada pedido de lote económico con tiempo suficiente para que no tengamos ninguna ruptura de *stock*, teniendo en cuenta el plazo de entrega del proveedor y la demanda media de los productos.

El *stock* de seguridad es el volumen de existencias que tenemos en el almacén por encima de lo que se vaya a necesitar, para evitar una ruptura de *stock* en algunos productos en los que tengamos una fuerte demanda.

Es importante hacer un estudio de aquellos productos que tengamos en la empresa que más rotación y más demanda de mercado tengan para someterlos a un *stock* de seguridad, ya que comprenden los costes de venta más importantes de nuestro inventario, en relación con la venta final al cliente.

Y, por supuesto, la decisión de qué cantidad pedir: si queremos hacer pedidos grandes teniendo un *stock* en el almacén pequeño, o hacer pedidos pequeños con un *stock* de almacenaje grande. Esta decisión dependerá de ciertos factores como la demanda, dimensiones de las instalaciones, qué presupuesto de costes de pedido tenemos, etc.

Figura 3.3. *Stocks,* cadena de suministros.

MAPA CONCEPTUAL

CONTROL Y GESTIÓN DE *STOCKS*

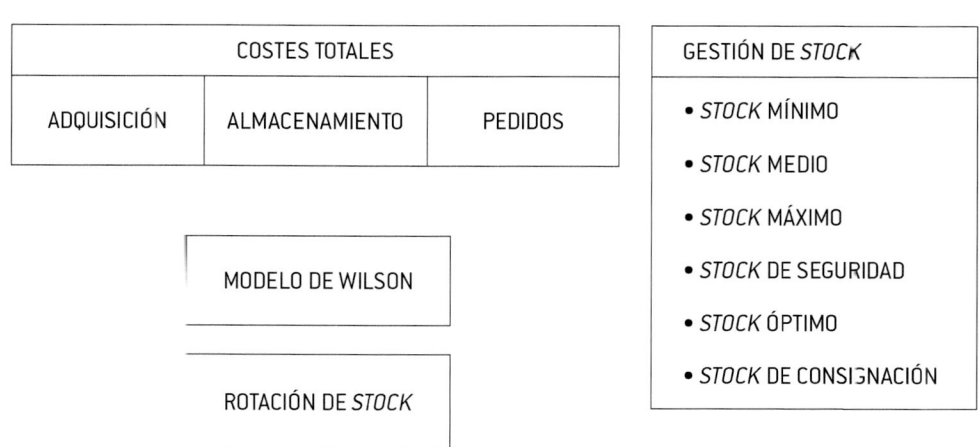

DEMANDA	
STOCK OPERATIVO	*STOCK* DE SEGURIDAD

STOCK

PROGRAMADO

REVISIÓN CONTINUA

REVISIÓN PERIÓDICA

NO PROGRAMADO → **DEMANDA ESTABLE**

COSTES TOTALES		
ADQUISICIÓN	ALMACENAMIENTO	PEDIDOS

MODELO DE WILSON

ROTACIÓN DE *STOCK*

GESTIÓN DE *STOCK*
• *STOCK* MÍNIMO
• *STOCK* MEDIO
• *STOCK* MÁXIMO
• *STOCK* DE SEGURIDAD
• *STOCK* ÓPTIMO
• *STOCK* DE CONSIGNACIÓN

TEST DE REPASO Y EJERCICIOS

1. ¿Para qué sirve el *stock* de seguridad?
   a) Para evitar roturas de *stock*.
   b) Para administrar las hojas de cálculo.
   c) Para elaborar fichas de mantenimiento.

2. El punto de pedido es la variable que tenemos en el almacén para lanzar un pedido de existencias que llamaremos:
   a) Lote de rotación.
   b) Lote dinámico.
   c) Lote económico.

3. El modelo de Wilson, ¿qué otro nombre recibe?
   a) Modelo de pedido óptimo.
   b) Modelo de pedido constante.
   c) Modelo de pedido variable.

4. Los costes que están vinculados al lanzamiento de un pedido, ¿cómo se llaman?
   a) Costes de transición.
   b) Costes constantes.
   c) Costes de emisión de pedido.

5. ¿Cómo se llama el sistema de *stock* en el que es el proveedor el que suministra el producto y lo almacena en las instalaciones del cliente?
   a) *Stock* de fluctuación.
   b) *Stock* de consignación.
   c) *Stock* de anticipo.

6. ¿Cómo calculamos los costes de adquisición en el almacén?
   a) Las ventas por el precio del producto.
   b) El peso del producto por el número de productos.
   c) Las ventas anuales por el peso del producto.

7. ¿Qué modelo utilizamos cuando lanzamos un pedido cada cierto ciclo de tiempo establecido con los productos que se necesitan?

a) Modelo de aprovisionamiento continuo.

b) Modelo de aprovisionamiento periódico.

c) Modelo de aprovisionamiento estático.

8. En el siguiente párrafo completa los espacios:

Cuando nuestras provisiones bajan hasta_____es cuando lanzamos una_____. El periodo que transcurre hasta la_____lo denominamos plazo de aprovisionamiento y durante este tiempo nuestras existencias seguirán bajando hasta el_____. Y así sucesivamente se va repitiendo el ciclo de nuestros inventarios con este método.

9. Define qué es la demanda_____
   ¿Qué es el *stock* de seguridad?_____
   ¿Por qué se produce una ruptura de *stock*?_____

10. Relaciona entre sí estas palabras:

a) Demanda

b) Punto de pedido

c) Emisión de pedidos

1. Lote económico

2. Gestión de *stocks*

3. Gastos administrativos

11. Una empresa tiene unas ventas anuales de 9000 unidades, el coste de gestión por pedido es de 25 euros, el coste por mantener cada unidad almacenada al año es de 3 euros y el plazo de entrega por parte del proveedor es de 5 días.

a) Calcula el volumen de pedido óptimo.

b) El número anual de pedidos.

c) Ventas diarias.

d) El punto de pedido.

12. Tenemos en el almacén unos artículos cuya demanda anual es de 15 000 unidades, los costes por pedido son de 12 euros, los costes de almacenamiento de dichas unidades al año son de 2 euros por unidad, tenemos unos costes de mantenimiento al año del 15 % y el coste de cada producto es de 3 euros. Se pide:

a) Calcular el lote óptimo.

b) Calcular el coste total.

c) Calcular número de pedidos anuales.

d) ¿Cada cuántos días se tiene que hacer un pedido?

13. Indica si son verdaderas o falsas estas frases.

El punto de pedido se produce cuando lanzamos una orden de pedido.
Verdadero ☐
Falso ☐

Cuanto más alta sea la rotación más tiempo permanecen las mercancías en el almacén.
Verdadero ☐
Falso ☐

En el *stock* de consignación es el proveedor el que suministra el producto y lo almacena en las instalaciones del cliente.
Verdadero ☐
Falso ☐

ACTIVIDADES COMPLEMENTARIAS

1. Una tienda de electrónicos estima que la demanda anual de un modelo de teléfono es de 1200 unidades. El proveedor ofrece dos opciones para realizar pedidos: a) Realizar cuatro pedidos al año, cada uno de 300 unidades. b) Realizar doce pedidos al año, cada uno de 100 unidades. Describe las ventajas y desventajas de ambas opciones. ¿Qué opción considerarías más adecuada y por qué?

2. Comenta 8 tipos de *stocks* que podemos encontrarnos en la gestión de inventario de nuestro almacén.

3. Una empresa tiene una tasa de demanda diaria de 800 unidades para uno de sus productos. El tiempo de aprovisionamiento es de 6 días y mantienen un *stock* de seguridad de 120 unidades. ¿Cuál sería el punto de pedido para este producto?

4. ¿Cuáles son las principales ventajas de mantener una alta rotación de *stock* en un negocio y cómo contribuye esto a la mejora de la eficiencia y rentabilidad de la operación?

5. ¿Qué factores deben considerarse al determinar el tamaño óptimo del lote económico en la gestión de inventario?

6. ¿Cómo afectan las variaciones en la demanda del mercado y las tendencias a largo plazo en la gestión de inventarios de una empresa, y cómo se ajustan las estrategias de inventario para garantizar un equilibrio entre la disponibilidad de productos y los costos operativos?

7. Busca información en internet sobre estanterías dinámicas, describe qué ventajas y desventajas nos aportan en el *stock* de nuestros productos.

8. ¿Cómo se realiza el seguimiento y control efectivo del *stock* en consignación para asegurar la visibilidad precisa de los niveles de inventario, minimizar el riesgo de pérdidas y garantizar una colaboración exitosa entre el proveedor y el cliente?

9. Una empresa tiene unas ventas anuales de 12 000 unidades, el coste de gestión por pedido es de 30 euros y el coste por mantener cada unidad almacenada al año es de 3 euros. Calcula: el lote óptimo y el número de pedidos anuales.

10. ¿Cómo podría una empresa de suministros informáticos encontrar un equilibrio adecuado entre mantener un *stock* máximo para garantizar la disponibilidad de productos y evitar costos de almacenamiento excesivos, especialmente considerando la rápida evolución de la tecnología en este sector?

4. Seguimiento y control de indicadores de gestión de *stock*

Contenido

Introducción

En este último capítulo estableceremos los indicadores de aseguramiento de calidad para el mantenimiento de inventario, evaluando el grado de servicio y determinando las posibles medidas que aseguren un adecuado nivel de *stock* ante cualquier situación de riesgo.

Por otra parte, haremos un estudio de los diferentes indicadores de gestión del *stock* y sus respectivos índices para saber qué tipo de indicador es posible que esté fallando en nuestras instalaciones.

Además, conoceremos la simulación de Montecarlo, gracias a la cual, mediante las variables del riesgo y la incertidumbre, podremos hacer una aproximación de la demanda de un producto nuevo en un ciclo de tiempo determinado (teniendo en cuenta que para nosotros es totalmente incierto qué tipo de ventas tendrá).

Para finalizar estudiaremos los factores que intervienen en la organización de la logística inversa.

4.1. Efectividad de la gestión del almacén

Para la efectividad del almacén debemos tener un sistema de gestión en el cual todos los puntos de información y control estén dirigidos a identificar todas aquellas anomalías que puedan representar pérdidas de capital en nuestras instalaciones.

- Diseño eficiente del almacén: el diseño del almacén para la efectividad de la gestión del almacén es clave. Se debe considerar meticulosamente la disposición de las instalaciones para optimizar cada rincón del espacio disponible. Esto implica establecer un flujo de mercancía coherente, desde la recepción hasta la expedición. Cada movimiento dentro del almacén debe ser fluido y sin obstáculos, lo que reducirá los tiempos de desplazamiento y mejorará la utilización de recursos como el tiempo y la energía.

- Optimización del espacio: organizar la mercancía de manera estratégica. Las estanterías deben ser seleccionadas con unos criterios si se van a utilizar mercancías perecederas o no, tomando en cuenta no solo su tipo, sino también su forma y material. Esto permitirá acomodar los diferentes tipos de productos de manera óptima. Al utilizar estanterías adecuadas, se puede apilar y organizar la mercancía de manera que se aproveche al máximo el espacio vertical, evitando desorden y permitiendo una rápida localización de los productos.

- Control preciso de inventario en tiempo real: la optimización del inventario y su gestión en tiempo real es muy importante. La implementación de un sistema de control en tiempo real, respaldado por tecnologías como RFID y códigos de barras, asegura una visión precisa de las existencias. Esto no solo evita pérdidas económicas debido a errores de inventario, sino que también brinda la capacidad de tomar decisiones informadas en tiempo real, mejorando la satisfacción del cliente y reduciendo los costos operativos.

- Modernización del sistema de gestión de almacén (SGA): el uso de un SGA actualizado y moderno es esencial para el éxito a largo plazo. Un sistema centralizado que integre información de toda la operación del almacén permite un control más eficiente y preciso. Desde el seguimiento de pedidos hasta la gestión de inventario y la asignación de recursos, un SGA bien implementado optimiza las operaciones y reduce los cuellos de botella.

- Eficiencia en la preparación de pedidos: el proceso de preparación de pedidos es una parte crítica de las operaciones de almacén. La elección del sistema de *picking* adecuado es crucial para maximizar la efectividad. Los métodos modernos como el *picking* por voz, por radiofrecuencia, y las tecnologías *pick to light* permiten una selección más rápida y precisa de los productos. Esto no solo agiliza el proceso de preparación, sino que también minimiza los errores y mejora la satisfacción del cliente.

- Prevención de roturas de *stock:* la falta de productos puede tener un impacto devastador en la satisfacción del cliente y en la reputación de la empresa. Para evitar roturas de *stock,* es esencial contar con sistemas automatizados que detecten y notifiquen las necesidades de reposición. Esto permite una planificación más efectiva de las compras y garantiza que los productos estén disponibles cuando los clientes los requieran.

- Optimización del etiquetado: la identificación precisa de productos es fundamental para la gestión de almacén. El uso de sistemas de etiquetado como códigos de barras y RFID mejora la precisión en la identificación y rastreo de productos. Esto simplifica la gestión de inventario, reduce los errores y acelera los procesos de seguimiento y recuperación de productos.

- Utilización de indicadores de desempeño (KPI): en el ámbito de la gestión de inventario, un indicador de rendimiento (KPI por sus siglas en inglés, *Key Performance Indicator*) es una medida que se utiliza para supervisar y evaluar aspectos críticos relacionados con el *stock* y la disponibilidad de productos. Los KPI ofrecen una visión cuantitativa de la eficacia y eficiencia de los procesos de entrada y salida de mercancías en un almacén o inventario.

- Disponer de maquinaria adecuada: la disponibilidad de maquinaria adecuada en un almacén es crucial debido a su capacidad para mejorar la efectividad operativa, reducir errores, garantizar la seguridad de los trabajadores, optimizar el espacio, manejar cargas pesadas, adaptarse a la demanda, reducir costos y cumplir plazos. Esta inversión mejora la recepción de la mercancía, almacenamiento, preparación de los pedidos, y la expedición de la mercancía.

4.2. Simulación Montecarlo, riesgo e incertidumbre

La simulación Montecarlo es un método que nos dará una variable de salida, introduciendo distintas variables de entrada aleatorias; es una técnica matemática que se utiliza para estimar los posibles riesgos en las tomas de decisiones. Los resultados que nos puede dar son variables estadísticas de probabilidades (tipo de demanda que podemos tener de un producto). Con esta simulación, aparte de la realización de una serie de operaciones matemáticas con un modelo de números aleatorio (para obtener en nuestro caso predicciones de la demanda en un futuro cercano), podemos reflejar los datos matemáticos obtenidos en unos gráficos para un seguimiento más detallado.

Con este método lo bueno que tenemos es que podemos jugar con las variables de entrada a nuestro criterio para ver qué resultados tienen mejor estadística de probabilidad en la demanda de ese producto, y hacer un estudio más profundo, ya que con cada variable de entrada podemos tener varios resultados. La simulación Montecarlo ofrece diversas ventajas, como la capacidad para integrar la incertidumbre en los modelos estadísticos en los cuales nos proporciona una representación más realista y completa de las estadísdicas de salida, especialmente cuando las variables de entrada no se conocen con certeza. Nos facilita la evaluación y gestión de riesgos al ofrecer una visión detallada de las posibles variaciones en los resultados. Esto permite a los tomadores de decisiones anticipar y comprender mejor los posibles escenarios adversos. La simulación Montecarlo se muestra como una herramienta valiosa en la gestión de inventarios, proporcionando una visión realista y detallada para una planificación más efectiva y una gestión eficiente de los recursos. Entre las ventajas del uso de la simulacion Montecarlo para analizar los riesgos en la tomas de decisiones complejas encontramos:

- Analizar situaciones complejas relacionadas con la variabilidad en la demanda, cambios en los tiempos de entrega y posibles alteraciones en la producción.

- Facilitar una comprensión más profunda de cómo diferentes factores, como fluctuaciones en la demanda del mercado o posibles demoras en la cadena de suministro, impactan en los niveles de inventario y la capacidad de satisfacer la demanda.

- Facilita la toma de decisiones al proporcionar una variedad de posibles resultados, permitiendo a los responsables anticiparse a eventos adversos y tomar medidas preventivas

- Destaca situaciones de riesgo que podrían pasar desapercibidas con enfoques analíticos convencionales, como problemas en la cadena de suministro o cambios en las preferencias del cliente

- Permite ajustar los niveles de inventario de manera más precisa, considerando variaciones estacionales, tendencias del mercado y otros factores que puedan influir en la demanda

- Al evaluar estrategias en entornos inciertos, la simulación de montecarlo facilita decisiones estratégicas más acertadas, mejorando la eficiencia operativa y reduciendo el riesgo de exceso o falta de inventario

---

RECUERDA...

Para calcular el coste total en un almacén tendrás que tener en cuenta una serie de costes como son:

- **Costes de adquisición:** que se calculan multiplicando las ventas anuales por el precio del producto.

- **Costes de almacenamiento:** son gastos en general de las instalaciones y se calculan multiplicando el coste de mantener cada unidad por el *stock* medio.

- **Costes de emisión de pedidos:** son los gastos administrativos derivados del lanzamiento del pedido y se calculan multiplicando el coste de un pedido por el numero de pedidos.

4.3. Indicadores de gestión de *stock*

- Índices de rotación:

   La rotación está ligada con las salidas de material de nuestras instalaciones, y nos indica el número de veces que un producto se ha renovado durante un periodo de tiempo, normalmente un año.

   Tenemos que tener en cuenta que cuanto mayor es la rotación, se considera que la gestión de *stocks* es más eficiente. Este ciclo de venta e inversión nos aporta unos beneficios, que nos permiten recuperar lo invertido más las ganancias por el precio de venta.

El índice de rotación vendrá dado por:

$$\text{Índice de rotación} = \frac{Ventas\ dentro\ del\ periodo}{stock\ medio\ del\ periodo}$$

Ventas dentro del periodo = coste del número de ventas dentro de un periodo de tiempo.

Stock *medio del periodo* = coste de las existencias medias.

Ejemplo práctico

En un almacén queremos calcular el índice de rotación de un producto a lo largo del año, tenemos un coste de venta dentro del año de 20 000 euros del producto y tenemos un *stock* promedio de dicho producto de un año de 3000 euros. Calcula el índice de rotación de dicho producto.

Solución:

$$\text{Índice de rotación} = \frac{Ventas\ dentro\ del\ periodo}{stock\ medio\ del\ periodo}$$

$$\text{Índice de rotación} = \frac{20000\ euros}{3000\ euros} = 6{,}66$$

Esto quiere decir que, según los datos que tenemos de este producto, tiene un índice de rotación de 6,66 veces/año.

SABÍAS QUE...

Cualquier recurso inmovilizado que posea la empresa sin necesidad es un coste adicional para la empresa. Tener inventarios que no rotan, con unas ventas costosas de ciertos productos, es un factor negativo para las finanzas de la empresa.

• **Índices de cobertura:**

La cobertura de *stock* permite estimar el periodo de tiempo que una empresa puede asegurar el cumplimiento de pedidos sin necesidad de comprar nuevas existencias. Este índice proporciona información sobre cuánto tiempo, en términos de días, meses o cualquier unidad de tiempo, el inventario actual de una empresa puede durar antes de agotarse.

El objetivo principal del índice de cobertura de inventario es ayudar a las empresas a tomar decisiones informadas sobre la gestión de su inventario, evitando situaciones de exceso de inventario (lo que puede llevar a costos innecesarios de almacenamiento y obsolescencia) o escasez de inventario (que puede resultar en pérdida de ventas y clientes insatisfechos).

El índice de cobertura vendrá dado por:

$$\text{Índice de cobertura} = \frac{Stock\ existencias}{Ventas\ media}$$

Si tenemos en nuestro almacén 600 unidades de existencias de un producto y vendemos una media diaria de 30 unidades:

$$\text{Índice de cobertura} = \frac{600}{30} = 20 \text{ días de cobertura de stock disponemos}$$

- **Índices de obsolescencia:**

    Se dice que un producto está en riesgo de obsolescencia cuando queda obsoleto, aunque sea nuevo, con respecto a otro producto parecido que, por las razones que sean (demanda, publicidad, etc.), se venda más.

    Este índice puede ser influenciado por varios factores, como la vida útil del producto, la demanda del producto, la competencia en el mercado y los avances tecnológicos. Es una herramienta útil para que las empresas gestionen sus inventarios y reduzcan costos, ya que les permite tomar medidas para reducir el riesgo de obsolescencia, como pedir cantidades más pequeñas de productos con vida útil corta, ofrecer descuentos o promociones, y desarrollar nuevos productos para mantener la demanda.

Figura 4.1. Producto obsoleto.

$$\text{Índice de obsolescencia} = \frac{Stock\ obsoleto}{Existencias\ medias} * 100$$

Ejemplo práctico

En nuestro almacén diponemos de un *stock* obsoleto de 85 unidades y las existencias medias totales son de 500 unidades. Calcula el índice de obsolescencia.

$$\text{Índice de obsolescencia} = \frac{85}{500} * 100 = 0.17 * 100 = 17\,\% \text{ de obsolescencia}$$

- **Índices de ruptura:**

    Lo que mide el índice de ruptura es la cantidad de pedidos que no hemos podido realizar para la venta final a nuestros clientes por falta de existencias en el almacén. Las existencias que tenemos en nuestras instalaciones tenemos que gestionarlas de tal manera que no tengamos roturas de *stock* en nuestro inventario, ya que nos puede pasar esto:

    — Pérdidas en ventas.

    — Pércida de imagen de la empresa.

    — Posible pérdida de clientes.

    Ante estas situaciones y para evitarlas tenemos que poner un *stock* de seguridad, que nos dé la certeza de que en el momento en que se pudiera llegar a este nivel, nos lance un pedido automáticamente para no quedarnos sin existencias.

    Una de las variables a tener en cuenta es la demanda, ya que podemos encontrarnos artículos con mucha demanda y otros con poca, además de que en un ciclo de tiempo un mismo artículo puede pasar de estar muy demandado a no estarlo en absoluto.

    Tenemos que tener un estudio realizado de qué tipo de demanda pueden tener nuestros productos en determinados ciclos de tiempo para mantener siempre satisfechos a nuestros clientes y no tener problemas de suministro por falta de gestión o dejadez por nuestra parte en la gestión de las existencias del inventario.

$$\text{Índice de ruptura de } stock = \frac{Pedidos\ no\ satisfechos}{Pedidos\ totales} * 100$$

Ejemplo práctico

En el almacén este mes nos han salido 150 pedidos preparados, de 155 que nos habían solicitado nuestros clientes. Calcula el índice de ruptura.

Pedidos no satisfechos: 155−150=5 pedidos

Pedidos totales: 155 pedidos

$\text{Índice de ruptura de stock} = \frac{Pedidos\ no\ satisfechos}{Pedidos\ totales} * 100$

$\text{Índice de ruptura de stock} = \frac{5}{155} * 100 = 3,22\ \%$ de pedidos no servidos

- Otros índices:

Índice de nivel de servicio

La gestión de *stock* influye en el servicio del cliente. Si, a causa de una rotura de stock, parte de la demanda queda insatisfecha, es probable que esos clientes busquen ese mismo producto en la competencia. Al hablar del nivel de servicio nos referimos a la satisfacción que proporciona la empresa a sus clientes. Si tenemos unos valores altos, esto nos indica que la empresa es capaz de suministrar los productos al cliente adecuadamente, mientras que si estos valores son bajos, indica que no satisfacemos a nuestros clientes.

Fórmula:

Índice de nivel de servicio $=\dfrac{Pedidos\ preparados}{Pedidos\ solicitados}*100=\%$

También podemos calcular el nivel de servicio $=\dfrac{Ventas}{Demanda}*100=\%$

Ejemplo práctico

En el almacén este mes nos han salido 150 pedidos preparados, de 155 que nos habían solicitado nuestros clientes. Calcula el nivel de servicio.

Índice de nivel de servicio $=\dfrac{Pedidos\ preparados}{Pedidos\ solicitados}*100$

Índice de nivel de servicio $=\dfrac{150}{155}*100=96,77\ \%$ de pedidos servidos

Índice de exactitud del inventario

La exactitud de registro de inventario (ERI) es un indicador que evalúa qué tan preciso y eficiente es el proceso de comparación entre las existencias reales de mercancías en el almacén de una empresa y los datos registrados en su sistema informático. En otras palabras, se trata de medir cuán exacto es el registro de las mercancías almacenadas en comparación con lo que realmente se encuentra físicamente en el almacén durante la realización de un inventario físico. Un alto nivel de ERI significa que las cantidades y características de los productos en el sistema coinciden de manera muy cercana con lo que se encuentra en el almacén, lo que es fundamental para una gestión eficaz de inventario y una operación comercial fluida.

Fórmula:

$$\text{Índice de exactitud de inventario} = \frac{cantidad\ de\ stock\ inicial}{cantidad\ de\ stock\ real} \times 100 = \%$$

Índice de espacio de almacenamiento utilizado

La capacidad de almacenamiento de un almacén está influenciada por las características de la mercancía, el número de artículos, la forma de apilamiento y la anchura de los pasillos. Estos factores son esenciales para calcular y determinar cuánto espacio de almacenaje está disponible y cómo se puede utilizar de manera efectiva.

Fórmula:

$$\text{Espacio de almacenaje utilizado} = \frac{Espacio\ efectivamente\ utilizado}{Espacio\ total\ disponible} \times 100 = \%$$

Tasa de devoluciones

La tasa de devoluciones se utiliza para medir cuántos productos son devueltos por los clientes en relación con las unidades vendidas o enviadas. Una tasa de devoluciones baja generalmente indica que los productos cumplen con las expectativas del cliente, mientras que un aumento brusco en esta tasa puede señalar problemas significativos en la calidad o en otros aspectos del proceso de producción y distribución.

$$\text{Devoluciones} = \frac{Total\ de\ productos\ devueltos}{Total\ de\ productos\ vendidos} \times 100 = \%$$

Índice de pérdida de *stock*

La fórmula para calcular si en nuestro inventario de *stock* se están produciendo pérdidas sería:

Pérdidas de *stock* = Inventario total – ventas totales – inventario actual

El margen de venta

El margen de venta es la diferencia entre las ventas finales y el precio de coste de nuestras existencias. Tenemos que tener una negociación con nuestros proveedores continua, ya que de estas negociaciones van a depender mucho los beneficios que vayamos a tener, procurando siempre estar al día de variables tan importantes como descuentos por cantidades, ofertas, rápeles por compras, etc.

Cuanto mayor sea el margen de ventas, más ganancia se obtendrá por cada unidad vendida después de deducir todos los costes de compra del producto. Si tenemos unos costes de compra elevados, tendremos un margen escaso. Un margen de ventas más alto indica un mayor potencial de ganancias, lo que puede ser beneficioso para la empresa en términos de rentabilidad y crecimiento.

$$\text{Margen de venta} = \frac{precio\ de\ venta - coste\ de\ compra}{precio\ de\ venta} \times 100 = \%$$

Ejercicio práctico

En el almacén tenemos un producto y hemos negociado con nuestro proveedor que se lo compramos a 22 euros/sin IVA; lo ponemos a la venta a 30 euros/sin IVA. Calcula el margen de venta en bruto.

Solución:

$$\text{Margen de venta} = \frac{precio\ de\ venta - coste\ de\ compra}{precio\ de\ venta} \times 100 = \%$$

$$\text{Margen de venta} = \frac{8}{30} \times 100 = 26,66\ \% \text{ de beneficio}$$

ROI (Retorno de la Inversión)

El Retorno de la Inversión (ROI) en el índice de un almacén se refiere a la evaluación financiera que mide el rendimiento de una inversión específica, como la construcción, o la adquisición o renovación de instalaciones de almacenamiento. Este indicador compara la ganancia neta generada con el costo inicial de la inversión. Un ROI positivo indica rentabilidad, mientras que uno negativo señala pérdidas.

La gestión eficaz de inventarios desempeña un papel fundamental en este proceso, ya que puede tener un impacto directo en el ROI. Mantener niveles elevados de inventario puede impactar negativamente el ROI debido al aumento de los costos operativos y financieros. Por el contrario, la implementación de prácticas eficientes de gestión de inventarios puede resultar en la reducción de costos, optimización del espacio en almacenes y mayor satisfacción del cliente gracias a un servicio más preciso.

La introducción de un sistema de gestión de inventarios permite equilibrar las finanzas y la operación de los almacenes al proporcionar información valiosa sobre la demanda de productos. Esto facilita ajustes estratégicos en los objetivos de ventas y abastecimiento de inventarios, adaptándolos a las cambiantes necesidades del mercado y contribuyendo así a mejorar el ROI y la rentabilidad general de la empresa.

Fórmula:

$$\text{ROI} = \frac{Ingresos-Inversión\ (costes)}{Inversión\ (costes)} \times 100 = \%$$

ACTIVIDADES PRÁCTICAS:

1. Define qué es el índice de rotación_____

2. Define qué es el índice de ruptura_____

3. Define qué es el índice de espacio de almacenamiento utilizado_____

_____

4.4. Interpretación y cálculo de indicadores de gestión de índice de rotación y su repercusión en el tamaño del almacén y el costo logístico de almacenaje

En la gestión de los indicadores de rotación del almacén hay varios factores a tener en cuenta como pueden ser el volumen y el espacio de almacenamiento que vayamos a necesitar. Si tenemos poca rotación de productos, no necesitaremos mucho volumen de espacio; en cambio, si tenemos una alta rotación de productos, igual nos interesa tener un almacén con unas dimensiones mayores para la acumulación de mercancía y su posterior salida.

Siempre que tengamos una fuerte demanda lo que interesa es llenar zonas del almacén de productos que tengan un elevado grado de rotación y que vayan a generar unos beneficios de venta. Con esto lo que vamos a conseguir es una considerable rebaja en los precios de coste de adquisición por volumen de artículos y costes de pedido.

Una buena rotación de productos es beneficiosa para la empresa, ya que los costes por capital inmovilizado en existencias serán menores. Otras ventajas de la rotación del *stock* son:

- Se pueden mantener unos precios competitivos y así aumentar las ventas.
- Menos gastos en costes de almacenamiento.
- Menos inventario que gestionar a largo plazo.
- Menos inversión en existencias en *stock*.
- Imagen positiva de la empresa por sus ventas y calidad.

También podemos tener desventajas por rotación del *stock*:

- Si tenemos mucha rotación de productos y no la gestionamos correctamente, podemos tener una ruptura de *stock*.
- Una alta rotación puede significar que estamos vendiendo el producto al cliente final a unos precios bajos, por lo que no vamos a obtener beneficios.
- Mayores costes de adquisición y de emisión de pedidos.
- Posibles descuentos por volúmenes de pedido.

SABÍAS QUE...

El *stock* no es siempre el mismo, sino que va cambiando respecto a las ventas y compras. Como *stock* inicial se considera el llamado *stock de ciclo* y el *stock* de seguridad que se haya establecido.

4.5. Optimización de puntos de almacenamiento

En la optimización de la cadena de suministro de almacenamiento tenemos que gestionar e integrar eficazmente a los proveedores, espacio de almacenamiento, puntos de distribución, personal de planta, etc., y todo ello con un coste de almacenamiento adecuado a nuestras necesidades y a los servicios de atención al cliente.

Los puntos más importantes en la optimización del almacén serán:

RECEPCIÓN DE PRODUCTOS

ALMACENAMIENTO Y MANUTENCIÓN

PREPARACIÓN DE PEDIDOS

EXPEDICIÓN

Recepción de productos

Antes de la llegada de los productos tendremos que tener en nuestro poder toda la documentación sobre los pedidos que el departamento de compras haya realizado a los proveedores. Cuando vayamos a recepcionarlos, tenemos que comprobar que la hoja de pedido realizada por el departamento de aprovisionamiento concuerda con el albarán que nos trae el transportista, y si vemos algún material en mal estado, o que no corresponde con nuestra hoja de pedido, procederemos a anotarlo en el albarán para su devolución.

Una vez que está todo comprobado y correcto, procederemos a etiquetar y meter los correspondientes códigos de almacenaje en el ordenador para emplazarlos en sus correspondientes estanterías.

Almacenamiento y manutención

Estas operaciones las realizan los operarios de almacenaje; consisten en llevar estos productos a sus correspondientes ubicaciones o estanterías con sistemas de manipulación, ya sean manuales (carretillas de mano, transpaletas manuales) o motorizados (apiladores eléctricos, carretillas elevadoras, etc.), cumpliendo con todas las medidas de seguridad y prevención de riesgos laborales establecidos según la ley.

Estas operaciones de movimiento de mercancía en la zona de almacenamiento se deberán realizar meticulosamente para no estropear los productos, y prestando siempre atención a las ubicaciones donde se deben poner dichos productos para una gestión eficiente de nuestro inventario.

Figura 4.2. Zona de almacenamiento.

Preparación de pedidos

Este proceso se conoce también con el nombre de *picking,* y consiste en elaborar los pedidos que nuestros clientes necesitan. Esta actividad supone los costes más importantes a nivel económico en el almacén debido a la necesidad de personal y productos para el embalaje de la mercancía.

Es, sin duda, la actividad más importante que se desarrolla dentro de las instalaciones. Dichos pedidos deberán ir bien preparados y sin equivocaciones de ningún tipo, ya que si este proceso se realiza mal, y tenemos quejas de nuestros clientes, puede ser muy dañino para la imagen de nuestra empresa.

Expedición de material

Es el último proceso en la optimización del almacén y consiste en el acondicionamiento final del producto que se vaya a vender. En esta fase del proceso tenemos que embalar los productos para evitar posibles daños en la manipulación, ya sea con nuestra maquinaria o en el medio de transporte que se vaya a utilizar para su envío.

Otras operaciones que tendremos que realizar serán el precintado y etiquetado para que se sepa qué tipo de mercancía se está moviendo y qué tipo de
información lleva (frágil, posición vertical, no mojar, etc.).

Por último, está la emisión de la documentación que deberá llevar dicho pedido
(albarán, nota de entrega y carta de porte).

RECUERDA...

El *stock* mínimo es la cantidad mínima de productos que tenemos que tener
en nuestro inventario para satisfacer las necesidades de nuestros clientes.

Dicho *stock* estará un poco por encima del *stock* de seguridad o igual, ya
que, en el tiempo que pasa entre el lanzamiento del pedido y la recepción
de la mercancía, no tenemos que quedarnos sin suministros.

En este tipo de *stock* debemos tener una demanda estable, que nuestros
proveedores sean de confianza y no haya retrasos en las entregas de la
mercancía para no quedarnos desabastecidos.

4.6. Ciclo de vida de las existencias

• Obsolescencia

Se dice que un producto está en riesgo de obsolescencia cuando queda obsoleto, aunque sea nuevo con referencia a otro producto parecido que, por
las razones que sea (demanda, mayor publicidad, etc.), se venda más.

Tener productos con obsolescencia en el almacén es un problema muy grande para la contabilidad de la empresa, pues tienen unos costes de almacenamiento y poca rotación. Es muy importante realizar estudios de mercado
y demanda para no llegar a tener este tipo de productos.

Los motivos por los que podemos llegar a tener existencias con obsolescencia pueden ser:

— **Técnicos:** todos los productos relacionados con las nuevas tecnologías y
productos de imagen, sonido, etc. (ordenadores, televisiones, móviles).

En este tipo de productos tendremos que procurar tener un nivel de *stock*
mínimo porque los ciclos de tiempo devalúan los productos.

— **Fluctuación de la demanda:** hay que tener un estudio de la demanda de
nuestros productos, cuáles son más necesitados y en qué periodos del

año. El sector textil es un ejemplo claro de la manera de gestionar esos productos (calzado, ropa, complementos, etc.).

— **Caducidad:** este tipo de productos serían productos que tienen una caducidad en el tiempo como es el caso de revistas, periódicos, medicamentos, etc. Este tipo de existencias las tenemos que tener inventariadas de una manera diaria, a poder ser con sus caducidades, para no tener pérdidas al no sacarlos en el momento preciso.

• **Pérdidas**

Las pérdidas en una empresa, como ya hemos comentado en capítulos anteriores, están estrechamente relacionadas con la ruptura de *stock* de nuestras existencias.

Si nuestros clientes no están contentos con el trato que les dispensamos, puede repercutir en un daño a la imagen de nuestra empresa, que es lo peor que puede pasar en estos casos.

Veamos un ejemplo:

Si estamos preparando un pedido y resulta que en dicho pedido hemos metido productos en mal estado o que no correspondían, cuando llegue a nuestro cliente esto será lo que pasará:

— Quejas del cliente por el mal estado del pedido.

— Costes de logística (portes de devolución y entrega).

— Proceso de entrada de la mercancía.

— Control e identificación nuevamente del pedido.

— Personal adicional para el tratamiento del pedido.

— Costes administrativos.

Todo ello conllevaría unas pérdidas o costes en dicho pedido que repercutirán directamente en la contabilidad e imagen de la empresa.

SABÍAS QUE...

El término *reaprovisionamiento* tiene que ver con los gastos repetitivos que vamos a tener cada vez que realizamos o lanzamos un pedido, como el teléfono, transporte, embalaje, etc.

- **Logística inversa**

  La logística inversa gestiona el retorno de las mercancías en la cadena de suministro de la manera más eficaz y económica. Este tipo de logística hace el recorrido inverso, es decir, el material recuperable del consumidor vuelve al proveedor o a un gestor de residuos.

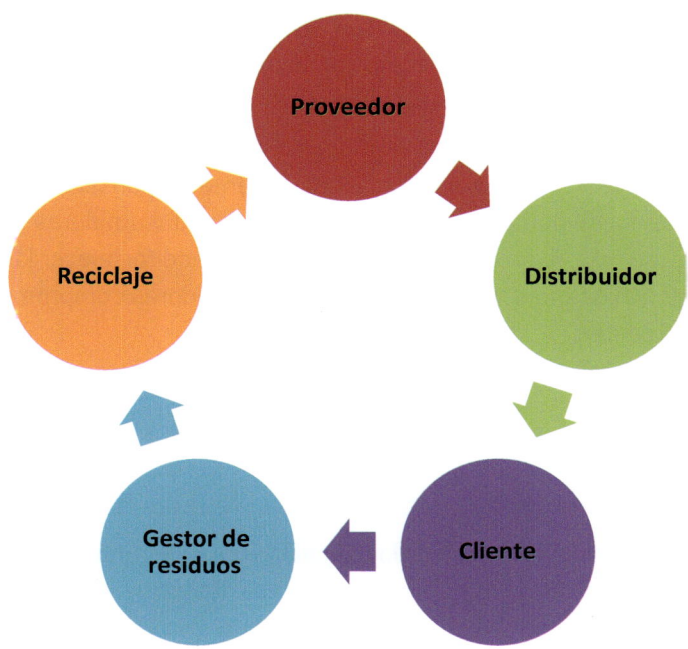

Las principales ventajas de la logística inversa serían:

- **Previsibilidad en la recepción de productos:** la logística inversa brinda la ventaja de reducir la incertidumbre relacionada con la llegada de productos devueltos o fuera de uso. Mediante la implementación de procesos bien definidos, la empresa puede anticiparse a la recepción de estos productos y planificar su manejo de manera efectiva.

- **Optimización de materiales:** una de las principales ventajas de la logística inversa radica en la posibilidad de aprovechar nuevamente los materiales que conforman los productos. Mediante el reciclaje, reacondicionamiento o reutilización de estos componentes, la empresa puede reducir la necesidad de recursos nuevos y disminuir su impacto ambiental.

- **Exploración de nuevos mercados:** la logística inversa puede abrir oportunidades para la empresa en términos de diversificación de mercados. Al ofrecer productos reacondicionados o reciclados a segmentos de mercado que buscan alternativas más económicas o sostenibles, la empresa puede ampliar su base de clientes y aumentar sus ingresos.

- **Generación de confianza del cliente:** la implementación de procesos de logística inversa eficientes y transparentes contribuye a generar mayor confianza en los clientes. Saber que tienen la opción de devolver o reemplazar productos aumenta su confianza en la empresa y su disposición a realizar compras.

- **Mejora de imagen empresarial:** la adopción de prácticas de logística inversa respetuosas con el medioambiente y socialmente responsables puede tener un impacto significativo en la percepción que los consumidores tienen de la empresa. La mejora en la imagen corporativa puede fortalecer la lealtad de los clientes existentes y atraer a nuevos consumidores comprometidos con valores similares.

Las desventajas de la logística inversa se resumen en los siguientes puntos:

- **Estudios previos requeridos:** se necesitan estudios y análisis previos para establecer políticas y decisiones adecuadas en relación con la logística inversa. Esto implica tiempo y recursos adicionales para la investigación.

- **Complejidad de manipulación:** la logística inversa no es una simple manipulación de productos. Implica lidiar con productos devueltos, defectuosos o usados, lo que puede ser más complejo y exigente que la logística tradicional.

- **Involucramiento de departamentos:** para implementar la logística inversa de manera efectiva, todos los departamentos de la empresa deben estar involucrados en actividades relacionadas. Esto puede requerir una coordinación y comunicación más intensa.

- **Inspecciones detalladas:** cada producto devuelto o utilizado puede requerir inspecciones minuciosas, lo que aumenta el tiempo y los recursos necesarios para procesarlos.

- **Nuevos procesos y planeación:** la logística inversa introduce procesos que no existen en la logística directa. Esto implica una planificación adicional para abordar estos procesos nuevos y distintos.

Ejemplo de logística inversa

Tenemos un proveedor que suministra neumáticos para coches. Dichos neumáticos son comprados por el cliente y finalmente, después de su vida útil, son llevados a un gestor de residuos para el reciclaje de dicho material.

Con el material que se saca de los neumáticos en el proceso de reciclaje podemos hacer productos y otras aplicaciones como pistas de atletismo, suelas para zapatos, pavimentos para áreas infantiles, etc.

Cuando los productos son devueltos a la empresa, podemos hacer una serie de procesos de transformación de esos materiales dependiendo de su calidad y el coste de dicho proceso. Así, podemos contar con estos métodos:

Reparación

El producto usado es sometido a una reparación para que siga funcionando. Generalmente la calidad de los productos reparados es inferior a la de los nuevos; estas reparaciones se suelen realizar en un taller o en el domicilio del cliente, por ejemplo, electrodomésticos, ventanas, ordenadores, etc.

Renovación

Renovar dicho producto por completo con nuevas tecnologías actualizadas al día, reemplazando módulos y sectores anticuados, por ejemplo, ordenadores.

Reutilización

Los productos usados se pueden aprovechar de nuevo, dado que estos mantienen su forma y no sufren un deterioro muy grande, como es el caso de los embalajes (palés, cajas, botellas, etc.).

Reciclaje

Mediante este proceso se busca la recuperación de la materia prima del producto para la elaboración de un nuevo producto que aproveche sus cualidades. Esto suele implicar el uso de altas tecnologías debido al proceso de transformación que deben sufrir los materiales, por lo que el desembolso económico suele ser grande.

Reprocesamiento

Consiste en el desensamblado y restauración de las partes de los productos que se vayan a necesitar para la fabricación de otro producto, por ejemplo, ordenadores, móviles, etc.

Incineración

Proceso de combustión a altas temperaturas con el cual se producen cenizas y gases y se eliminan gran parte de los residuos orgánicos.

SABÍAS QUE...

La comercialización de las pilas y acumuladores que contengan mercurio o cadmio, en una proporción superior a lo exigido por el Parlamento Europeo, está totalmente prohibida.

Y, por último, en el proceso de la logística inversa un factor decisivo para que todo este proceso funcione adecuadamente es la **regla de las tres R:**

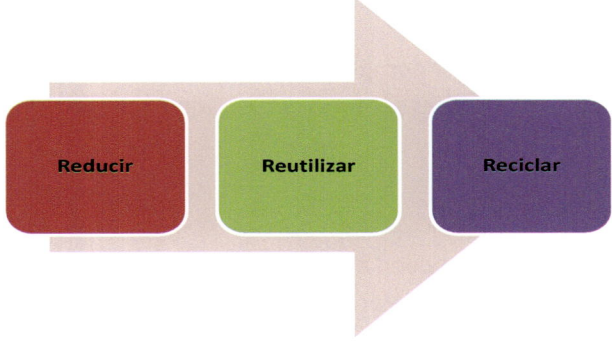

Reducir

Reducir o eliminar los materiales para un único uso, por ejemplo, embalajes, y reducir los consumos de energía (lavadoras, luz, aparatos eléctricos, etc.).

Reutilizar

Conceder a los productos cotidianos, en casa o en el trabajo, una segunda vida útil para su desempeño; por ejemplo, utilizar la segunda cara de los folios para las impresiones o hacerlas a doble cara.

Reciclar

Es un proceso dirigido a transformar un residuo, mediante un tratamiento químico o mecánico, en una nueva materia prima o producto nuevo; por ejemplo, vidrio, plásticos, etc.

Figura 4.3. Plástico reciclado.

MAPA CONCEPTUAL

SEGUIMIENTO Y CONTROL DE INDICADORES DE GESTIÓN DE *STOCK*

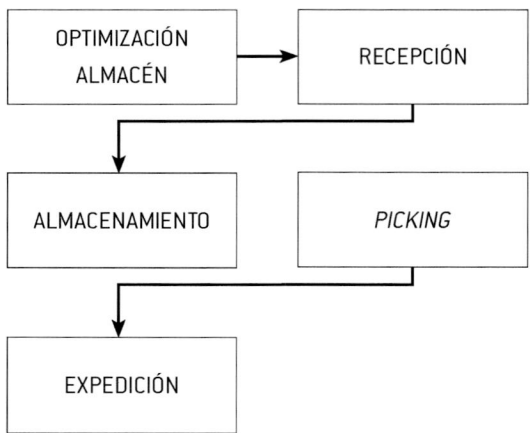

SIMULACIÓN MONTECARLO

- RIESGO
- INCERTIDUMBRE

INDICADORES DE GESTIÓN DE *STOCK*

- ÍNDICE DE ROTACIÓN
- ÍNDICE DE COBERTURA
- ÍNDICE DE OBSOLESCENCIA
- ÍNDICE DE RUPTURA
- OTROS ÍNDICES

OPTIMIZACIÓN ALMACÉN → RECEPCIÓN

ALMACENAMIENTO

PICKING

EXPEDICIÓN

VIDA DE LAS EXISTENCIAS		
OBSOLESCENCIA	PÉRDIDAS	LOGÍSTICA INVERSA

TEST DE REPASO Y EJERCICIOS

1. Permite determinar la rentabilidad de todos los capitales invertidos en una empresa o almacén:

   a) ROI.

   b) IVA.

   c) SAP.

2. Indica el número de veces que un producto se ha renovado durante un periodo de tiempo, normalmente un año:

   a) Índice de cobertura.

   b) Índice de rotación.

   c) Índice de ruptura de *stocks*.

3. En la simulación Montecarlo, ¿qué variables tenemos que tener en cuenta?

   a) Riesgo y demanda.

   b) Incertidumbre y demanda.

   c) Riesgo e incertidumbre.

4. ¿Con qué otro nombre se conoce la preparación de pedidos?

   a) Cobertura.

   b) Demanda.

   c) *Picking*.

5. Forma parte de las tres R en logística inversa:

   a) Resistir.

   b) Reutilizar.

   c) Repetir.

6. ¿Qué es el margen?_____

   ¿En qué consiste la logística inversa?_____

   ¿Qué significa la obsolescencia?_____

7. Indica si son verdaderas o falsas estas frases.

   La **tasa de devoluciones** se utiliza para medir cuántos productos son devueltos por os clientes en relación con las unidades vendidas o enviadas.

   Verdadero ☐

   Falso ☐

El **índice de cobertura** lo que mide es el número de días que permiten cubrir las existencias en cada momento.

Verdadero ☐

Falso ☐

Los **costes de adquisición** se calculan multiplicando las ventas anuales por los sueldos de los empleados.

Verdadero ☐

Falso ☐

8. **Relaciona entre sí estas palabras:**

a) Reducir   1. Folios

b) Reutilizar   2. Plástico

c) Reciclar   3. Energía

ACTIVIDADES COMPLEMENTARIAS

1. Realiza una búsqueda por internet de cinco causas que tenemos que tener en cuenta en la efectividad de la gestión de nuestro almacén.

2. Busca información de qué consecuencias podemos tener en nuestro inventario si tenemos una ruptura de *stock,* qué consecuencias va a tener respecto a nuestros clientes y por qué se produce.

3. En el almacén tenemos un producto que adquirimos a un precio de 20 euros y dicho producto lo vendemos a un precio de 30 euros. Calcula el margen sobre la venta comercial que obtenemos.

4. Busca información de qué tipos de ventajas nos proporciona tener una logística inversa en nuestro almacén.

5. En el almacén tenemos un *stock* inicial de 100 artículos. A la hora de realizar el conteo físico del producto, nos encontramos con un *stock* físico de 108 artículos. Calcula el índice de exactitud del inventario en %.

6. Busca información por internet de cómo gestiona Coca-Cola la logística inversa en su cadena de suministro.

7. Busca información por internet de las principales funciones que se realizan en el departamento de aprovisionamiento de una empresa.

8. ¿Cómo debe gestionarse el proceso de devoluciones en un almacén de manera eficiente y efectiva?

9. En el almacén durante el mes de marzo hacemos 500 pedidos a nuestros clientes, de los cuales nos devuelven 40 pedidos. Calcula la tasa de devoluciones en %.

10. Estamos preparado un pedido para un cliente y en dicho pedido hemos metido productos en mal estado o que no correspondían con el pedido; al llegar los productos al cliente, nos comenta que no lo quiere. Describe qué pérdidas vamos a tener con este pedido.

Bibliografía

Gestión de stocks en la logística de Almacenes, 2.ª edición, Arturo Ferrín Gutiérrez, Fundación Confemetal.

Gestión de stock. Excel como herramienta de análisis, Mikel Mauleón Torres, 2008, Díaz de Santos.

Gestión de pedidos y stock, 2013, Euroinnova.

Control y gestión de existencias, Fuentes de Innovación y Cualificación, SL, 2003, Grupo Antekira.

Gestión comercial y marketing. Logística comercial, J. A. Ruiz, J. L. Morato, J. Gaitán, McGraw-Hill interamericana de España, SL.